# 出海破浪

王勇 著

中信出版集团 | 北京

图书在版编目（CIP）数据

出海破浪 / 王勇著 . -- 北京 : 中信出版社 , 2025.
6. -- ISBN 978-7-5217-7584-6
Ⅰ. F279.235.6
中国国家版本馆 CIP 数据核字第 2025UR8387 号

出海破浪
著者： 王勇
出版发行：中信出版集团股份有限公司
（北京市朝阳区东三环北路 27 号嘉铭中心　邮编　100020）
承印者： 北京联兴盛业印刷股份有限公司

开本：787mm×1092mm 1/16　　印张：15.75　　字数：158 千字
版次：2025 年 6 月第 1 版　　　　印次：2025 年 6 月第 1 次印刷
书号：ISBN 978–7–5217–7584–6
定价：79.00 元

版权所有·侵权必究
如有印刷、装订问题，本公司负责调换。
服务热线：400-600-8099
投稿邮箱：author@citicpub.com

# 前　言

中国企业正以前所未有的速度走向海外，对世界经济的贡献不断扩大。在过去12年中，中国企业对外直接投资排名稳居全球前三名，为投资目的地国家及地区贡献了4 432亿美元的税收，平均每年创造超过200万个就业机会。我国民营企业凭借灵活的经营机制和敏锐的市场洞察力，成为出海的重要力量，对全球经济发展的贡献与日俱增。

出海是企业发展到一定阶段必然会考虑的问题。综观全球，那些耳熟能详的卓越企业无一例外，都是通过走出国门来实现全球经营和全球发展的。对于中国企业而言，要想成为具有全球影响力的优秀企业，出海也是必经之路。这是中国经济发展到一定阶段、企业成长到一定规模之后面临的重大选择。

实际上，中国企业出海之路从未停息，无论是基础设施领域的大型国有企业，还是服装、家具、家电"老三样"领域的民营企业，它们都深耕海外、平稳发展。只是在疫情之后，尤其是最近一两年，出海似乎按下了快进键，企业家们纷纷探讨出海的问题。他们尽管看起来很着急、很焦虑，但似乎已就"出海"达成共识，甚至有人喊出了"不出海，便出局"的警言。

那么，为什么会出现这种状况呢？

从表面上看，出海是积极布局，实则其背后有更深层的动力与压力。我通过与企业家的深入交流，诧异地发现目前主动出海的中国企业并不多。很多企业被动出海，是受到国际环境复杂多变、全球贸易不确定性增加、内卷严重、市场竞争加剧等多重因素冲击而不得不做出的选择。这些企业并没有做好准备，反而是仓促上阵。一方面出于形势所迫，不得不出海；另一方面能力欠缺，准备不足。这就是中国大部分出海企业的现状。

中国企业出海新征途将面临前所未有的挑战。如何应对复杂的海外市场环境？如何在海外做好产品？如何建立销售渠道？如何打造品牌？如何保障供应链安全？如何搭建和管理人才队伍？如何建设企业文化？如何实现有效的组织治理？如何解决合规问题？这些都是摆在中国企业面前的现实难题，需要它们客观冷静地思考以及理智有效地应对。

在此背景下，如何看待中国企业出海面临的问题？如何借鉴前人的成功经验或失败教训？如何用科学、有效的方法在海外经营企业？中国企业出海亟需精准、有效的指导，以实现在海外的健康发展。

  基于此，我带领团队开展了一系列深入的研究。通过对多家出海成功企业的案例研究，以及多次与企业创始人闭门研讨，从产品、渠道、品牌、供应链、人才、企业文化、组织能力、合规等角度，对 TikTok、SHEIN、Temu、华为、联想、TCL、美的、海尔、海信、闻泰科技、三一重工、东山精密、晶科能源、亿纬锂能、长城汽车、蔚来、小鹏、传音控股、人福医药、诺诚健华、名创优品、泡泡玛特、莉莉丝、石头科技、追觅科技等企业的出海之路进行全方位的细致分析，总结其成功经验和失败教训，梳理中国企业出海的策略和方法，旨在为中国企业出海提供一份有价值的参考指南，推动它们在出海新征途中稳健前行。

  本书共分为九章，第一章是对当前中国企业出海趋势与挑战的观察与判断，第二章至第九章是针对中国企业出海在产品、渠道、品牌、供应链、人才、企业文化、组织能力、合规等方面的具体实操策略。这些策略不仅基于理论研究，更结合了丰富的企业实践，为中国企业提供了切实可行的出海行动指南。

  出海大潮的确已来临，这不是可有可无的选择题，而是关乎企业生存发展的必答题。我相信，对于踏上出海新征途并渴望成功的中国企业家和管理者而言，本书将成为他们可以信赖的航海手册，助其乘风破浪、扬帆远航。

# 目　录

前　言　　　　　　　　　　　　　　　　　　　　*001*

## 第一章
## 风暴中的航行　　　　　　　　　　　　　　　001

第一节　中国企业出海新趋势　　　　　　　　　004
第二节　充满挑战的海外征途　　　　　　　　　014
第三节　未做好准备的企业家们　　　　　　　　025

## 第二章
## 中国企业出海如何做产品？　　　　　　　　　031

第一节　深入当地市场，洞察消费需求　　　　　034
第二节　全面理解需求，抓住需求痛点　　　　　042
第三节　针对市场需求，极致本土化产品研发　　046
第四节　优质配套服务，实现价值闭环　　　　　050

第五节　依托国内产业，建立差异化竞争优势　　053

## 第三章
## 中国企业出海如何建渠道？　　057

第一节　海外市场销售渠道的选择　　060
第二节　建设海外渠道的四个原则　　072
第三节　海外渠道管理的三个原则　　080
第四节　建设海外渠道的两条路径　　083

## 第四章
## 中国企业出海如何打造品牌？　　087

第一节　中国出海企业打造品牌的基本方法　　089
第二节　海外市场品牌传播的七种方式　　092
第三节　收购海外品牌，建立品牌矩阵　　104
第四节　淡化外来品牌形象　　107

## 第五章
## 中国企业出海如何打造供应链？　　111

第一节　积极建立本土化供应链　　114
第二节　建立全球化供应链的 SMART 原则　　118
第三节　协同供应链上下游企业抱团出海　　125

| 第四节 | 与当地伙伴共建供应链生态 | 128 |

## 第六章
### 中国企业出海如何搭建与管理人才队伍？ 131

| 第一节 | 海外人才队伍搭建的三个原则 | 134 |
| 第二节 | 如何在海外招聘人才？ | 139 |
| 第三节 | 如何培养海外人才？ | 142 |
| 第四节 | 如何激励海外人才？ | 150 |

## 第七章
### 中国企业出海如何建设企业文化？ 157

| 第一节 | 解码企业文化差异 | 159 |
| 第二节 | 全球化企业文化建设的三个原则 | 166 |
| 第三节 | 应对文化冲突的五种策略 | 172 |

## 第八章
### 中国企业出海如何打造组织能力？ 179

| 第一节 | 企业出海必须是一把手工程 | 182 |
| 第二节 | 出海企业组织建设的三个重要问题 | 190 |
| 第三节 | 出海企业必须加强防范的五类风险 | 198 |

## 第九章
## 中国企业出海如何处理合规问题？ 207

第一节　环境保护合规　210

第二节　公司治理合规　213

第三节　劳动用工合规　216

第四节　知识产权合规　220

第五节　数据合规　225

第六节　做好合规工作的六个措施　229

后　记　237

参考文献　239

第一章

# 风暴中的航行

随着中国加入世界贸易组织（WTO），本土企业迎来了加入全球贸易的历史性机遇，越来越多的企业开始出海航行，并初步取得了成绩。近年来，中国企业受经济下行、中美冲突、地缘政治、新冠疫情等因素的影响，一方面出海节奏明显加快，另一方面出海困难大大增加。正如联想集团董事长兼首席执行官（CEO）杨元庆所言："此时此刻的世界，正处于一个全球贸易格局变化、产业链价值链重构与技术变革浪潮交汇的关键时刻，内外部环境充满挑战。"

中国企业参与国际竞争，必然受到地缘政治等外部环境的深刻影响，面临更加激烈、残酷的行业竞争。相较于国内业务，中国企业在海外市场的经营无疑更具有挑战性。中国企业出海之路绝非坦途，而是水深浪高、挑战重重。蔚来创始人李斌曾坦言，"国际化是异常艰苦的过程，比起在中国市场的竞争，其艰难程度不是一个量级"。

然而，作为舵手，企业家在出海征途中扮演着至关重要的角色，必须承担更大的责任，带领企业直面挑战、开拓创新、踏浪前行、到达彼岸。我们坚信，聪明而勤奋的中国企业家一定会赢得企业出海的新征途！

## 第一节　中国企业出海新趋势

近年来，中国企业出海的意愿越发强烈，出海的步伐越发坚定。出海主力从以往的单点突破转变为现在的多点开花；出海产业从劳动密集型升级为技术密集型；出海目的地从成熟市场拓展至新兴市场；出海路径从传统的贸易和并购，发展为投资自建和技术授权；出海策略从产品和服务等"走出去"，转变为生产、供应、研发、人才等"走进去"。每一个转变，都展现出中国企业出海的全新探索。

### 出海主力：从单点突破到多点开花

中国企业的出海主力正在发生巨大变化：从大规模企业到其他规模企业、从成熟企业到新创立的企业、从外贸企业到其他行业企业，纷纷扬帆远航，开辟海外市场。

出海不仅仅是大型企业或行业领先者的战略目标，更成为不同规模企业的共同追求。截至 2023 年 8 月，我国分别有 29.5% 的大型企业、39.4% 的中型企业和 28.9% 的小型企业实施出海战略或已有布局海外市场的计划。

出海也不仅仅是在国内市场深耕多年的成熟企业的选择，越来越多的新生代企业家在企业创立不久后便勇闯海外市场，取得了不俗的成绩。相比腾讯在成立 7 年后和阿里巴巴在成立 11 年后才开始拓展海外业务，字节跳动成立 3 年便启动了全球化战略；游戏行业的莉莉丝、消费电子领域的 Insta 360、茶饮新秀霸王茶姬等企业，更是在成立仅 2 年后，便开启了海外探索之旅。新时代下，这些企业自成立之初就将目光投向全球市场，力求成为全球化企业。

出海更不仅仅是贸易企业的专属，越来越多来自互联网、高科技、制造、消费、服务、文化等领域的企业加入出海阵营，在海外市场展现出新的活力。在互联网行业，字节跳动、拼多多、SHEIN 等企业将业务拓展到海外，为广大海外用户提供电子商务、社交媒体等多样化服务；在高科技行业，华为、中兴通讯等企业在全球 5G（第五代移动通信技术）网络建设中扮演着重要角色；在医疗健康行业，恒瑞医药、诺诚健华等创新药企业持续将研发成果推向全球市场；在消费行业，蜜雪冰城、瑞幸咖啡等企业在全球市场掀起新的消费浪潮；在服务行业，蚂蚁金服、携程等企业在海外市场日益活跃。尤其值得指出的是，文化行业同样成为中国企业出海的一大亮点，米哈游、莉莉丝、泡泡玛特、名创优品等企业的文化产品，在欧美、东南亚等地广受欢迎，成为当地潮流文化的新符号。

## 出海产业：从劳动密集型到技术密集型

以服装、家具、家电等为代表的"老三样"，曾是劳动密集型传统企业对外出口的支柱。如今，以电动载人汽车、锂电池和太阳能电池为代表的"新三样"，已成为技术密集型新兴行业企业出海投资的新引擎。"老三样"向"新三样"的转变，标志着中国企业正逐渐从劳动密集型出海转向技术密集型出海，中国企业的出海格局正经历着深刻的变化与升级。

从出海商品种类占比上看，技术密集型产业的产品出口占比持续提升，而劳动密集型产业的产品出口占比进一步下滑。按照国际贸易标准分类（SITC），我国有机化学、无机化学、塑料、特种工业专用设备、通用工业机械设备及零件、陆路车辆等技术密集型产业的产品出口占比呈增长趋势，其中陆路车辆占比提升最为明显；而纺织制成品、服装及衣着附件、鞋靴，家具及其零件，办公用机械及自动数据处理设备，电信及声音的录制或重放装置及设备等劳动密集型产业的产品出口占比明显下滑（见图1-1）。

从中国出海企业的行业分布来看，技术密集型企业出海也已成为主流。从图1-2中可以看出，信息技术、先进制造、医疗健康三大行业的出海企业占比位居前列。

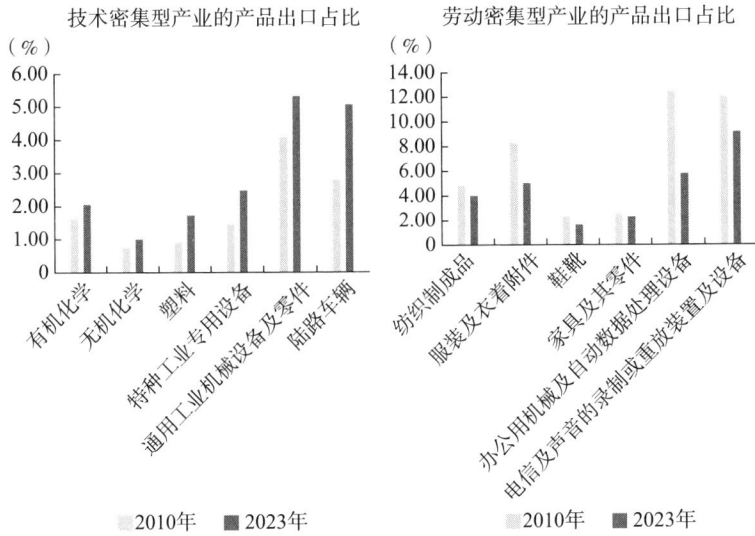

图1-1　2010年和2023年技术密集型产业的产品出口占比和劳动密集型产业的产品出口占比

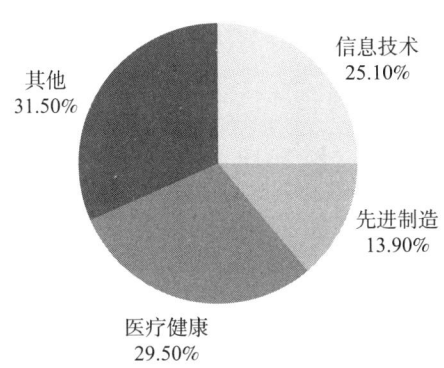

图1-2　中国出海企业的行业分布

## 出海目的地：从成熟市场到新兴市场

我国出海企业的市场选择，正逐渐从传统的成熟经济体转

第一章　风暴中的航行　　007

向更具发展潜力的新兴经济体。

过去，我国企业出海的主要方向集中于美国、欧洲、日本等发达市场，这些地区凭借强大的经济实力、庞大的市场规模以及较高的消费能力和购买力，为我国企业提供了广阔的发展空间。然而，随着这些成熟经济体市场环境恶化、竞争加剧，我国企业面临的压力逐渐增大，发展势头明显受阻。

与此同时，东南亚、南亚、中东、非洲、拉美等地区新兴市场经济体的崛起，为我国出海企业提供了新的机遇。这些新兴市场经济体拥有相对宽松的政策环境、广阔的市场空间、巨大的发展潜力以及较高的投资回报率。在此背景下，我国企业开始加大对新兴市场经济体的投资和布局，以期在出海竞争中找到更好的机会。

从出口额来看，我国对美国的出口额从2018年约占20%下滑到2024年5月约占15%；目的地为欧盟的出口额占比也呈现下降趋势，从2018年中17%下滑到2024年中约15%。相比之下，我国企业出口东盟等新兴市场的份额持续上涨，从2013年占比不足10%增长至2024年中15%以上（见图1-3）。

在新兴市场中，东南亚地区以其独特的地理位置、丰富的自然资源、庞大的市场潜力以及一系列优惠政策成为中国企业出海的重要目标市场。

近年来，锂电池企业不断加大在东南亚地区的投资布局。2024年，欣旺达宣布拟投资约20亿元在越南建立消费类锂电池工厂；恩捷股份宣布在马来西亚投资约 20 亿元，建设锂电池隔离膜项目；尚太科技宣布拟在马来西亚投资建设年产 5 万吨锂离子电池负极材料的项目，初步计划总投资约 1.54 亿美元（约 11 亿元人民币）。

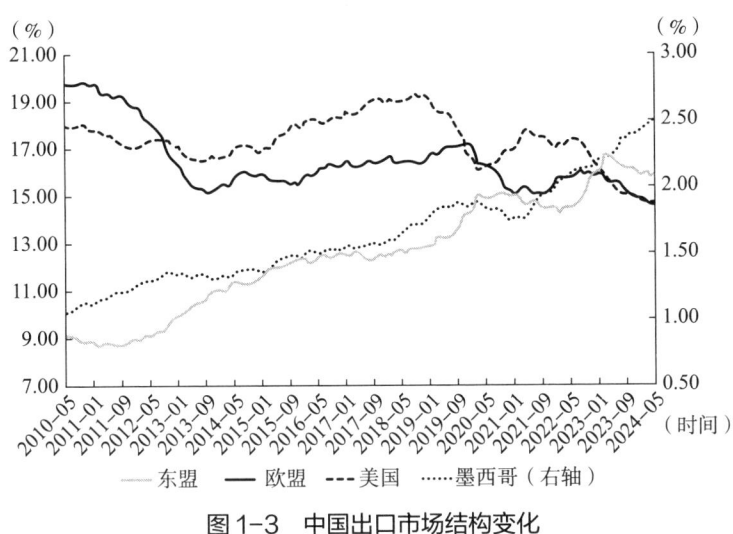

图 1-3 中国出口市场结构变化

除了锂电池行业，其他行业（如汽车制造、消费电子等）的企业也纷纷走向东南亚市场。比亚迪宣布在泰国建立电动汽车生产基地，总投资数十亿美元；传音、小米、OPPO 等手机制造商在东南亚市场布局，提供智能手机和相关电子产品；青山控股集团在印度尼西亚投资建设了全球产业链最全的不锈钢生产基地；魏桥创业集团在印度尼西亚投资建设了东南亚最大的冶炼级氧化铝厂。这些企业在东南亚市场的集聚效应，将吸引越来越多中国企业出海落户当地。

中东地区也正成为中国出海企业新的目的地。2024 年，晶科能源计划与沙特阿拉伯王国公共投资基金（PIF）成立合资公司，建设年产能10吉瓦（GW）的高效光伏电池及组件项目，总投资约36.93亿沙特里亚尔（约72亿元人民币），是迄今为止晶科能源最大的海外投资项目。TCL中环计划与Vision Industries Company成立合资公司，共同在沙特建设年产能20 GW的光伏晶体晶片项目，这将成为其目前在海外最大规模的晶体晶片项目，总投资预计为20.8亿美元（约152亿元人民币）。工程机械、化工、能源等行业也纷纷将目光投向中东市场，寻求新的发展机会。三一重工计划在沙特建立建筑机械和设备生产基地；万华化学集团拟在中东地区投资布局石化产业；中石化、中石油在中东地区开展了油气田开发项目。随着中东市场的潜力不断被挖掘，预计未来将有更多中国企业进入这里。

**出海路径：从贸易和并购到投资自建和技术授权**

中国企业出海之初主要依赖贸易出口，利用丰富的劳动力资源和成本优势，向世界输出中国产品。此后，一些中国企业开始探索通过投资并购的方式进入海外市场，迅速抢占市场份额的同时，获取渠道资源、技术专利等关键资产，降低海外市场的进入壁垒，缩短海外市场的探索期，加速出海进程。

如今，越来越多的中国企业意识到单纯依赖出口贸易和并购出海存在局限性，它们开始积极探索多元化的出海路径。

投资自建和技术授权等成为中国出海企业的重要选择。

2017年，我国企业通过投资并购出海的规模，约是通过投资自建出海规模的3倍。2018年以后，我国企业海外投资并购的规模快速下滑，投资自建的规模持续上涨。2022年，海外投资自建的规模约为投资并购的7倍，投资自建已成为我国企业主要的出海路径选择。

自2015年起，晶科能源通过投资自建的方式，相继在马来西亚、美国和越南设立了海外生产基地。目前它共建立14家全球工厂，形成了强大的产能布局；建设25家物流中心，实现了全球范围内的快速响应和高效配送；在德国、法国、美国等10余个国家设立海外销售子公司，强化业务网络的同时积极收集市场反馈信息，为产品策略调整提供了有力支撑。它还在全球设立了35家服务中心，为客户提供售前咨询、售中技术支持和售后维护等全方位服务，确保客户在使用过程中能够享受到专业、及时和贴心的服务体验。通过大规模投资自建，晶科能源在海外市场基本形成了生产、物流、服务、销售等环节的全链条布局。

除了投资自建，技术授权也成为中国不少出海企业的选择。一些中国出海企业将自己的技术使用权以及相关产品的制造权和销售权，提供给目的地国家和地区的企业并收取相关费用，以这种方式规避目的地国家和地区的贸易保护壁垒，降低不确定条件下的重资产投入风险，进而获取海外市场收入。

技术授权是我国创新药企业常用的出海策略。比如，沃森生物与摩洛哥 MarocVax Sarl 公司以技术授权的方式，推动 13 价肺炎球菌多糖结合疫苗（PCV13）在摩洛哥的成品进口、分销和销售；诺诚健华将自己的创新药授权给美国相关合作方，以获取更大的海外收入。

除了创新药领域，新能源汽车企业也纷纷开启技术授权的出海道路。零跑汽车创始人朱江明曾公开表示，"零跑不仅是整车制造商，还是核心技术输出公司"。零跑与欧洲车企巨头 Stellantis 集团共同投资成立零跑国际，通过这种形式，Stellantis 获得了零跑在智能驾驶、智能座舱及三电系统领域的技术许可。相应地，零跑则可以借助 Stellantis 在欧洲广泛的销售网络来扩大销售规模。

与之类似，宁德时代、亿纬锂能等动力电池厂商也纷纷探索技术授权出海，在规避贸易壁垒的同时，降低重资产进入海外市场的风险。2023 年，亿纬锂能在美国与戴姆勒卡车、帕卡及康明斯合资建立电池工厂，亿纬锂能仅持有合资工厂 10% 的股权，其余 3 家投资方各持股 30%。合资工厂从亿纬锂能获得电池产品生产制造和销售许可，并按约定支付授权许可费，其生产的电池主要在北美向合资方销售。通过这种合作模式，亿纬锂能与合作伙伴能够共享资源、技术和市场，从而实现全球化发展。

## 出海策略：从产品"走出去"到体系"走进去"

改革开放至今，中国企业的出海策略实现了质的飞跃，越来越多的出海企业意识到，要想在海外市场立足扎根，必须从产品"走出去"转变为体系"走进去"，从注重短期盈利转变为坚持长期经营，从"牧民"心态转变为"农民"心态，开展本土化经营，精耕细作，深度融入当地市场。

美的集团的出海历程就是这一转变的缩影。起初，美的集团的出海策略是以产品代加工为主。美的凭借自身在生产制造方面的优势，为美国通用电气公司（GE）、松下等外国企业代工生产家电产品。虽然这种模式让美的迅速打开了海外市场，但利润空间有限，且对品牌影响力的提升作用不大。后来，美的集团逐渐认识到要想在海外市场立足，必须实现品牌国际化，于是开始从产品"走出去"转变为品牌"走进去"，注重在全球范围内建立自己的销售网络和品牌形象。如今，美的集团的出海策略已升级为全产业链的全球化布局，不仅将产品、品牌输出到海外，还对研发、制造、销售、服务等多个环节进行全球化布局。在研发方面，美的在全球11个国家设立了33个研究中心；在生产方面，美的在意大利、泰国、越南、埃及等12个国家建立了22个海外生产基地；在营销方面，美的持续推动海外市场的直接面向消费者（DTC）布局，借助展厅、门店等方式直面消费者，为他们提供更直接的体验。与此同时，美的还加大招募海外本土员工和销售人员，在当地创造更大的社会价值。2024 年上半年，美的集团的海外员工已经超过 3.5 万人，海外业务收入占比超过 40%，海外业务增速超过国内业务，美的在海外市场的整体布局进一步成熟。

## 第二节　充满挑战的海外征途

复杂多变的外部环境、更加激烈的行业竞争和困难重重的本土化经营，使中国企业出海新征途面临巨大的挑战。

**复杂多变的外部环境**

地缘政治局势紧张、贸易保护主义抬头、各国政权更迭等因素导致全球政治格局动荡，增加了企业出海的不确定性；全球经济波动、货币政策调整以及汇率波动等经济因素，给企业的海外经营策略带来了新的考验；文化差异、商业习惯、语言障碍、法律法规、治安情况等社会环境差异，以及数据隐私保护、知识产权保护、技术出口管控等技术环境的变化，对中国企业出海提出了更高的要求。这些外部环境错综复杂、相互交织，给中国企业出海带来重重挑战。

**充满不确定性的政治经济环境**

近年来国际局势紧张，俄乌战争、巴以冲突等一系列地缘政治事件，对中国企业出海之路构成了严峻的考验。随着中美冲突持续升级，欧洲各国追随美国，欧美加强对华企业审查和歧视性贸易政策，进一步加剧了中国企业出海的压力。

除了地缘政治因素，逆全球化使全球经济呈下行趋势，增加了中国企业海外经营的困难；区域贸易协定频出，使中国企业不得不应对跨区域、跨文化的海外经营。而近年来全球经济增长放缓，导致市场需求萎缩、订单减少、企业利润下降等，构成中国企业出海需要面临的更直接的挑战。

压力不仅仅来自国际政治经济环境，东道国内部的政治生态也给中国出海企业带来不少挑战。一是有些东道国内部政治权力分散，中央政府和地方政府在行政、立法、司法层面相互制衡，出海企业需要与不同层级的政府沟通协调。二是有些东道国的智库、媒体、商会存在较大的隐性权力，对于制定相关政策有非常大的影响力，如果缺少对它们的了解，很容易陷入"只见树木、不见森林"的盲区。中国出海企业甚至可能面临政府官员利益交换的要求，从而带来额外的法律风险。三是有些东道国政权不稳定、政策不连续，会给中国企业出海带来很大的风险。2014年，希腊政府开启了比雷埃夫斯港私有化进程，中远海运集团成为最有竞争力的潜在买家。但新领导人于2015年1月27日宣誓就职当天叫停了比雷埃夫斯港私有化计划，中远海运集团继续在南欧扩建港口基地的计划由此受阻。四是有些东道国政局不稳定，容易发生内乱，这给中国出海企业带来更大的风险。2011 年，利比亚爆发内乱并迅速演变为大规模武装冲突，导致中国在利比亚的 50 余个大型承包项目（合同金额高达 188 亿美元）遭受巨大损失。

**截然不同的社会文化环境**

国内外截然不同的社会文化环境，也会给中国出海企业带来诸多风险与挑战。

不同国家和地区的商务礼仪、谈判风格等商业习惯存在显著差异。以谈判风格为例，中国人讲究中庸之道，与客户谈判时比较委婉，以免谈判陷入僵局，最终是为了达成交易；德国人强调严谨，会坦率地给出方案，在不断交涉后达成共识；英国人通常用低调幽默的方式提出可行的方案，不断复盘双方利益，但结果永远要等到"下一次会议"；美国人喜欢将所有事情摊到台面上说，谈判时适时反驳，最终目的是尽快达成交易；中东人看重熟人关系，注重圈层、节奏缓慢、精于计算，他们认为如果达成了交易，则意味着自己的失败，因为对方有利可图。中国出海企业在与海外客户或合作伙伴进行交流时，如果对这些习惯缺乏了解，在合作时很有可能比较被动。

此外，中国企业拓展海外市场时常常会遭遇语言障碍。随着企业出海的目标市场更加多元化，当进入越来越多非英语国家时，这一问题会变得更加突出。一些企业在海外开拓市场时，忽略了对本土语言的研究，简单直译广告和宣传材料，容易引发误解和歧义，甚至无意中冒犯当地文化。缺乏多语言能力的客户服务和销售支持也会削弱客户体验，进而影响品牌的吸引力和市场竞争力。此外，语言问题还会显著降低企业的沟通效率，影响海外业务的发展。

华为在出海过程中，曾遭遇语言障碍。华为创始人任正非提出："仅仅因为大量的外籍员工读不懂中文，大量的国内员工英文也没过关，就足以看到华为的国际化是多么困难。"除此以外，华为进入俄罗斯、拉美、非洲等非英语国家和地区时也深受语言困扰，沟通难度较大。

需要特别注意的是社会文化中宗教信仰的差异，这是出海企业绝不可忽视的。一位在沙特工作多年的企业高管指出，强迫当地员工在周五加班，可能会被视为侵犯他们的宗教权利，一旦被政府知晓，可能会给企业带来严重后果。

**日趋严格的技术环境**

随着竞争的加剧，越来越多的国家和地区纷纷调整技术出口管制政策，建立日趋完善的技术出口管制体系，并对涉及国家安全和利益的技术实施严格的出口管制措施，这些已成为国际通行做法。

美国建立了分级、分类的技术出口管制体系。过去几年，美国利用实体清单、未经核实清单、中国涉军企业清单、特别指定国民清单、行业制裁识别清单等制裁工具,对我国密集实施一系列技术出口管制,这些管制措施尤其集中在人工智能、生物工程、机器人、量子计算等 14 个领域。

随着我国在越来越多领域取得领先的技术突破,我国对技术出口的管制也提上日程。2023 年 12 月 21 日,商务部、科技部修订发布《中国禁止出口限制出口技术目录》,主要目的是规范技术出口管理、促进科技进步和对外经济技术合作、维护国家经济安全。中国企业在农作物育种、合成生物学、基因编辑、光伏、激光雷达、装卸输送设备制造等领域的技术,将更多地被纳入技术出口管制范围。

各国对技术出口的管制将给中国企业开展海外业务带来一系列挑战,可能会造成供应链断裂、合规成本与风险增加等,这些需要格外重视。

**更加激烈的行业竞争**

近年来,我国多个行业内卷加剧,不少企业纷纷将目光投向海外,寻找新的发展机遇。然而,海外市场并不一定就是蓝海,而更多的是一片红海,中国出海企业所面临的行业竞争更为残酷、激烈,不仅要与当地企业一决高下,还要面对来自中国企业的同质化竞争。

在非洲、拉美、东南亚地区的基础设施领域,经常可以看到几家中国企业同时竞标电站、大坝以及公路和铁路建设等项目。有的企业为了拿到订单、脱离实际成本不断降价,甚至向当地政府机构恶意诬告和抹黑竞争对手,迫使当地政府重新评标。在海外手机市场,我国出海企业不仅要迎战苹果、三星等国际巨头,还要与传音、小米、OPPO、vivo 等国内企业竞争。新能源汽车企业既要与当地传统车企和特斯拉等较量,又要面对比亚迪、吉利、长城、"蔚小理"(蔚来、小鹏、理想)等造车新势力的围堵。家电企业进军海外,除了要与西门子、LG 等国际家电品牌竞争,还要面对海尔、海信、TCL、美的等国内同行的竞争。即便是新茶饮行业,海外竞争也十分激烈,在东南亚市场,蜜雪冰城不仅要面临本土品牌 Haus、Esteh Indonesia 的竞争,还要与贡茶、CoCo 都可茶饮等中国品牌比拼经营。

不仅如此,更重要的是中国出海企业还不能忽视国内市场的竞争。国内市场的竞争同样激烈,同行业的竞争者虎视眈眈,随时准备填补市场空缺。尽管中国企业出海可能会带来新的机会,但对大多数企业来说,国内市场仍是根基,要谨防后方失守。中国出海企业在开拓海外市场时,仍需要保持在国内市场的竞争优势,确保在两个市场上都能取得均衡发展,这同样是一个很大的挑战。

**困难重重的本土化经营**

TCL 创始人李东生曾提出"全球化即本土化"这一理念;

海信原董事长林澜在回顾公司近 30 年的出海经历时，精辟地总结出海信全球化的首要策略就是本土化；OPPO 高级副总裁兼首席产品官刘作虎也深刻地指出，"最好的全球化就是本地化"。这些出海领军企业的观点，无一例外指向我国企业出海取得成功的关键——本土化。

然而，本土化经营历来都是极具挑战的难题，涉及产品研发、市场营销、供应链、人才管理、企业文化、组织架构以及风险管理等方方面面，具体体现在以下几点。

**产品本土化不足，无法满足市场需求**

一些中国企业在出海过程中，可能会将国内产品直接复制到海外市场，缺乏对当地消费者需求和偏好的深入调研以及本土化产品的创新研发，导致产品无法满足当地市场需求，难以在激烈的海外竞争中立足。

2012 年微信在进军印度市场时，由于产品本土化不足，在与同行竞争中处于劣势，苦苦挣扎 5 年，最终以失败告终。曾任微信印度市场战略副总监的胡曼舒·古普塔表示："微信的产品设计拥有许多在中国非常受欢迎的功能，但这些功能并不受印度用户的喜爱。"比如在使用微信添加好友时，必须由对方通过之后才能开始聊天；而在印度，这种保留安全边界的操作被认为烦琐。相比之下，使用 WhatsApp 可以随时直接与通信录中同样安装这款应用的人聊天，比微信操作起来更加便利。古普塔还表示，类似的产品问题还有很多，当他们把这些问题反馈给中国总部时，并没有得到应有的重视，产品上也并未做出相应的调整。

很多中国出海企业在海外会遇到产品本土化的问题，产品出海不仅涉及对界面和功能说明的翻译，更要求企业在深入理解目标市场文化背景和消费行为的基础上，对产品进行深度、彻底的本土化改造。

**品牌影响力低，渠道建设不畅**

一直以来，国外消费者对"Made in China"印象深刻，但对具体的企业品牌却并不了解，中国企业品牌在海外影响力较低。Brand Finance 咨询公司在 2023 年公布的全球最具价值品牌榜 500 强显示，中国有 79 个品牌上榜，而美国有 202 个品牌上榜；中国上榜企业品牌价值总计为 1.4 万亿美元，远低于美国上榜企业品牌总价值 4 万亿美元。

品牌影响力较低，导致中国企业的产品很难进入海外主流销售渠道。在海外许多国家，传统线下渠道仍然占据重要地位，且集中度高、结构稳定，缺乏品牌影响力的中国企业难以进入，渠道建设需要投入很大的资源、花费很长的时间。虽然近些年有不少中国企业借助线上渠道进入海外市场，然而随着全球搜索引擎、社交媒体及电商平台的推广价格不断上涨，海外线上销售渠道同样面临较大的成本压力。以亚马逊为例，根据 Marketplace Pulse 公司的调查数据，2021 年 12 月亚马逊美国网站的广告价格达到 1.33 美元 / 次，同比增超 37%。

**供应链建设成本高，管理难度大**

随着海外业务布局逐渐深入、竞争逐渐激烈，出海企业需要在全球进行供应链多元化、近岸化、本土化布局，但海外供应链建设难度更大、周期更长、成本更高，需要全面考虑关税、物流成本、供应商完备度、基础设施成熟度、法律法规等问题，很多中国企业的海外工厂建设成本和投产周期远超预期。蔚来创始人李斌曾公开表示，中国效率远远超过欧洲。在中国，蔚来建一个换电站最快用 18 个小时就可以，但在欧洲要用 10 个月，有时甚至要用一年。

此外，海外供应链的管理难度也非常大。地理距离的遥远带来了时间上的延迟和信息不对称，不同国家的政治稳定性、社会文化、汇率波动、劳动力市场状况等也可能对供应链造成影响，这些都显著加大了中国出海企业供应链管理的难度。

**国际化人才短缺，当地人才难培养**

中国企业出海普遍面临海外人才短缺、人才培养不易、人才管理困难的问题。根据全球人力资源用工管理 SaaS 平台 GONEX 发布的《2023 中国企业出海人力资源白皮书》，在被调查的 1 046 家中国出海企业中，51% 的企业对未来海外业务所需要的人才筛选和短缺问题表示担忧，44.8% 的企业对现有的海外员工管理问题表示担忧。

一方面，目前国内企业具有国际化视野和能力的外派人员相对匮乏，而且外派人员在语言、环境等方面需要一个相当长的磨合期；另一方面，中国企业在海外员工的招聘和管理上也面临一些挑战，不仅由于缺乏对本地人才市场的理解而导致招募难，还由于缺乏对当地法律法规、风俗文化、工作生活习惯的充分认识而导致管理难。很多中国企业曾因海外人才管理不当导致经营受损，格林美创始人许开华对此就深有感触，他曾表示："海外用工是非常大的挑战。"

**文化差异大，文化融合难**

对于中国出海企业来说，文化融合至关重要。如果文化无法融合，可能会导致员工士气低落、工作效率下降，甚至引发管理层的内部矛盾，最终影响海外业务经营。联想原董事长柳传志曾感慨联想收购IBM的PC业务这一事件，"对境外并购交易中文化融合的难度，估计多高都不算过分，因为文化磨合决定收购的成败"。

然而，中国企业与海外企业在管理风格、沟通方式、工作习惯等多个方面存在显著差异，因此企业文化融合非常困难，且不是一个短期的、简单的过程。埃森哲在2022年对中国企业国际化的调研中提到，"有55%的中国出海企业面临文化融入难的挑战"。

最典型的是在工作与生活平衡上，不同国家和地区的观念差异显著。在中国，加班文化较为普遍，员工往往愿意投入额外的时间和精力；而欧美国家更加重视工作与生活的平衡，员工倾向于维持轻松自由的工作环境，并对个人权益有着高度的保护意识。如果将加班文化强加给海外员工，会对经营管理产生严重的负面影响。

2022年，TikTok在英国伦敦的直播电商部门出现了大规模的离职现象，近一半员工选择离开，其中一个主要原因是TikTok将国内的工作模式照搬到海外，要求当地员工跨时差与国内部门开会，主动加班的员工在组织内部会受到表扬。这一事件在当时引发众多海外媒体的报道，使品牌的声誉受到很大影响。

**组织架构须调整，授权尺度难把握**

随着海外业务规模的扩大，中国出海企业往往会在海外多个国家和地区设立分支机构。如何建立有效的组织架构以及如何把握授权尺度成为新的难题。

很多中国出海企业在海外市场有强烈的不安全感，但这并不意味着"强管控"的模式能够奏效，尤其是当企业对海外市场了解还不够充分的时候，这种模式往往会事倍功半。来自总部"想当然"的指挥，很有可能导致开展海外业务时受阻。当然，对海外分支机构过于宽松，也容易导致它们各自为政，缺乏统一的市场战略和品牌形象，影响企业在海外的长期发展。

如何建立有效的组织架构，如何找到集权与授权的平衡点，既保证总部对整体战略的把控，又赋予海外分支机构足够的自主权，以便它们能够根据当地市场的特点和需求灵活调整经营策略，对于仍处于探索阶段的中国出海企业来说，仍是一个很大的挑战。

**海外经营风险多，风险管理不完善**

中国企业在出海过程中，会面临地缘政治冲突、经济波动、合规问题、文化冲突、供应链中断、劳资冲突等多重风险。然而，很多出海企业风险管理意识相对薄弱、经验不足，缺乏完善的风险管理体系。薄弱的风险管理意识和被动的风险管理方式，导致中国出海企业在面对海外市场时难以有效应对，从而造成很大损失。

以合规风险为例，中兴通讯曾因对出口管制合规管理重视不够，缺乏对出口管制合规风险的正确评估和认识，导致遭受巨额罚款，暴露了企业合规风险管控能力滞后以及合规管理体系存在的重大缺陷。再以汇率波动风险为例，2017年上半年，福耀玻璃由于外汇管理手段单一，仅局限于简单的远期外汇合约或货币互换合约，造成了1.71亿元的汇兑损失。

## 第三节　未做好准备的企业家们

在出海浪潮下，许多企业家对出海抱有极大的热情和期待。然而现实中他们对出海的认知不到位，在没有深思熟虑和充分准备的情况下便匆忙启航，急于带领企业迈向海外市场。

我们观察到很多企业的一把手对于出海认知有非常大的误区，在具体经营管理方面也没有做好充足的准备。

很多企业家认为最近几年国内太卷了，海外市场会好一些。但海外市场并非一片蓝海，企业出海后会面临更加激烈的行业竞争，不仅要与本土品牌、全球知名品牌竞争，还要面对进入该市场的中国企业的激烈竞争，其复杂和激烈程度不亚于国内。

在出海热潮的裹挟下，一些企业家没有充分评估自家企业出海的必要性和紧迫性，而是看到同行在出海，便也跟风拓展海外市场，这很有可能导致出海失败。近期，爆火的大模型创业企业争相出海寻找新的发展机会。例如，MiniMax在海外推出人工智能（AI）聊天应用Talkie，爱诗科技在海外上线AI视频生成产品PixVerse，月之暗面在海外推出角色扮演应用Ohai和AI生成视频工具Noisee。然而，大部分企业的出海之路并不顺畅，有些甚至已经放弃海外业务，重新聚焦国内市场。比如，短短几个月，月之暗面就因盈利不及预期而停止更新两款出海产品，相关产品负责人也已离职。月之暗面的创始人杨植麟表示，未来的业务重心依旧在Kimi上，暂时不会再拓展海外市场。

有些企业家认为面对出海浪潮要抢占机会，走一步看一步。他们往往在企业出海前不做过多思考，而是先出海再说。

可是如果缺乏清晰的规划，企业很难真正对海外业务投入资源和精力，很可能遇到困难马上退缩，甚至直接放弃海外业务，从而因战略摇摆造成资源浪费。有些企业即使制定了清晰的海外拓展规划，但如果与企业资源脱节、盲目求快，最终也会导致出海失败。比如，乐视曾雄心勃勃地宣布其全球化战略，试图迅速在多个国家和地区建立业务，但由于节奏太快，缺乏对海外市场的深入理解，疏于对资金链和运营的管理，其海外扩张最终陷入困境，不仅未能实现预期的海外拓展计划，反而造成资金链断裂而陷入严重的财务危机，最终以失败告终。

有些企业家认为自己的产品卖到海外就是出海成功了，但这并不是真正的出海成功。真正的出海成功不仅仅是指产品的物理转移，更是企业在战略、运营、管理和文化等多个层面与海外市场深度融合的过程。如果只是将产品卖到海外市场，就认为企业出海成功，那就大错特错了。比如，我国很多中小企业依靠亚马逊平台将产品卖到海外，然而只要亚马逊平台禁售、封号、冻结资金，这些企业的海外业务就难以为继。同样，光伏、新能源汽车等行业的企业，如果只在海外市场卖产品，不去近岸或者本土建厂，也将随时面临贸易制裁，给其海外业务带来生存危机。

无论是在欧美等成熟市场，还是在东南亚、中东、非洲和南美洲等新兴市场，外部经营环境复杂、行业竞争激烈残酷、消费需求难以把握，对于许多中国企业来说，无疑相当于二次创业。然而，遗憾的是很多企业家对此认知不足，往往直接把国内的经验和模式复制到海外，造成本土化适配不足、出海失败。ofo共享单车当年因坚持其在国内的商业模式而败走海外的案例，似乎并没有给那些想要完全在海外复制国内商业模式的企业敲响警钟。

有些企业家认为花重金从外部招聘高级管理人才负责海外业务，就可以取得成功。但如果新招聘的高管缺乏对企业业务的深入了解，或者管理风格和企业文化不匹配，则很容易导致出海战略执行不力、团队协作不畅等问题，最终影响海外业务的发展。在我们调研过的企业中，就有多家企业存在海外业务负责人频繁更换的情况。每一次负责人的变动都意味着团队的重组，大量的沟通、管理和运营成本给海外业务发展带来很大的不利影响。

有些企业家将大部分时间和精力放在国内，以为用一小部分精力和时间就可以做好出海业务。然而，实际情况是海外业务复杂、挑战大，需要企业家、高管团队经常前往甚至长期驻扎在海外，以便更直接地了解和把握海外市场的真实情况，包括当地的商业环境、文化习俗、消费者需求和竞争对手的动态等。如果企业家不深入海外业务一线，甚至连负责海外业务的同事也主要是待在国内，就会造成信息不畅、管理脱节的状况。在出海早期，快手的海外团队并不是在当地办公，而是坐镇北京总部，这直接导致海外团队缺乏与当地市场的沟通，难以理解当地文化习俗、法律法规以及真实的市场需求，最终使海外扩张遭遇瓶颈，产品本地化不足，市场反应迟缓，海外业务发展不及预期。

还有一些企业家认为企业出海没有什么风险，老老实实干就完了，他们严重缺乏风险意识，认识不到自己的海外业务已经出现了很大问题，甚至认为企业出海仍然很早，收入占比不高的现状是可以接受的。殊不知，这种状况随时有可能给企业带来很大的经营风险。

种种状况最终都指向一个问题，那就是很多企业家对企业出海认知不到位、准备不充分。本书提醒他们必须清醒地认识到出海的复杂性，高度重视出海业务，避免企业在出海新征途中遭遇波折。

第二章

# 中国企业出海如何做产品?

提供对本土消费者具有独特价值的产品，是中国企业在海外市场成功的关键。尤其是在已有领先者的情况下，作为外来者、后进入者的中国出海企业，更需要提供极致的本土化产品来吸引消费者、抢占市场。

传音凭借深受本土用户喜爱的产品，打败了曾在非洲市场风光无限的三星、诺基亚等手机厂商，迅速成为"非洲手机之王"。针对大部分非洲消费者购买力较弱的情况，传音持续推出高质、低价的智能手机；考虑到非洲经常停电、供电不稳定的问题，传音研发出待机20天的长续航手机；结合非洲用户易出汗且汗液酸度大的问题，传音开发出防酸涂层手机；为解决跨网络运营商访问时的需求，传音打造双卡双待甚至四卡四待手机；为满足非洲消费者对音乐的喜好，传音优化了手机外放音质；针对非洲人肤色深带来的拍照难题，传音对手机的拍照功能进行升级，开发出深肤色摄像、夜间拍照等功能，使非洲消费者在任意光线下都能拍出满意的照片。除了解决非洲消费者使用手机的功能性痛点，传音还在满足消费者情感需求方面下足功夫，通过增加手机的重量和尺寸，让非洲消费者觉得使用传音手机很有面子，满足了他们对美好生活的需求。

  要想真正在海外市场做好产品、以产品取胜，中国出海企业必须做到深入当地市场、洞察消费需求、全面理解需求、抓住消费痛点、针对市场需求极致化本土研发、优化配套服务、实现价值闭环。在这一过程中，要充分利用国内的快速开发和迭代能力、健全的供应链体系、敏捷的生产制造能力、成熟的数字化技术等比较优势，在满足消费者需求的前提下做到成本领先，打造差异化竞争优势。

## 第一节　深入当地市场，洞察消费需求

  对于传音在非洲市场的成功，其联合创始人、董事长阿里夫总结道："最大的原因在于消费者能够感受到传音对他们的照顾和关心。传音希望让非洲本地的消费者感受到，传音就是他们的手机，传音就是他们的产品。"如果未能准确把握当地消费者的需求便贸然出海推出产品，往往会导致在海外市场失利。不少中国企业在拓展海外市场时，基于笼统甚至高

度主观的假设来推测当地消费者的需求和偏好，推出新产品或者照搬国内的产品，这极容易导致产品定位偏离当地市场的实际需求，无法提供有竞争力的产品和服务，造成企业经营失败。

2014年ofo创立，随后共享单车热潮席卷全国。2016年，ofo开始出海，迅速将国内共享单车模式复制到新加坡、美国、英国、韩国、法国等地，试图开拓当地市场，结果却遭遇惨败。在大部分海外国家和地区，ofo面临"车多人少"的挑战。比如在悉尼，共享单车的日均使用量只有0.3次；在澳大利亚，共享单车始终是可有可无的；在美国加州等地同样如此，共享单车难以发挥"最后一公里"的作用；在新加坡，城市道路狭窄、寸土寸金，骑行和停放留共享单车的空间十分有限，其便利性大打折扣。总体来说，海外市场对共享单车的需求非常少，与国内形成鲜明对比，ofo对此严重误判，不得不从2018年开始退出多国市场，暂停海外业务。

不同于ofo，滴滴出行因其对海外市场需求的精准洞察以及及时调整海外产品策略，近几年在拉丁美洲市场出人意料地实现了快速发展。2018年，滴滴出行收购巴西99出行平台，把国内运营网约车的经验与巴西市场的具体需求相结合，创造出极具本地特色的出行产品——网约摩的。滴滴出行发现，不同于国内市场对网约车出行的需求，拉美地区的城镇对摩托车出行的需求非常大，于是滴滴为当地市场量身定制了网约摩托车出行服务，提供了一种崭新、灵活且经济的出行选择。目前，99出行平台业务已扩展至巴西5 570个城镇中的3 300多个，覆盖率达60%。

与滴滴出行类似，小牛电动针对海外市场需求推出有别于国内的新产品，在海外市场获得巨大成功。国内消费者熟知小牛电动摩托车，但在出海到美国时，小牛电动通过深入了解当地出行场景，准确观察到美国消费者对于便利出行的需求，选择主推电动自行车和电动滑板车，产品一经推出便大获成功，成为曼哈顿旗舰店的王牌产品。

不同国家和地区的消费者对于产品的需求不尽相同，如果不加调整地将中国本土产品复制到海外市场，很难获得当地消费者的认可。只有能满足当地消费者需求痛点的产品，才能获得市场的认可，帮助中国出海企业在当地市场立足。

为此，中国出海企业需要深入当地市场，进行扎实的市场调研，洞察当地消费者的"真需求"。在这一过程中，面对面了解当地消费者、注重当地消费者的反馈、分析当地消费者的数据、建立本土化专业团队，是中国出海企业常用的有效手段。

**面对面了解当地消费者**

面对面了解消费者是不少中国出海企业成功的关键——发百份问卷，不如见一个客户。华为海外员工很重要的一项日常工作就是见客户，并被要求每次见完客户必须整理出一个完整的记录，明确所见客户的具体需求，并将具体需求分解为具体工作，分发给相关人员落实。

莉莉丝游戏的主要收入来自海外，它每年都组织海外用户座谈会，派核心产品设计人员与当地用户进行面对面的深入交流。这些交流不仅使莉莉丝意识到之前一些关于用户需求的假设是错误的，还极大地丰富了莉莉丝对当地市场用户需求的新认知。比如，通过与用户的交流活动，莉莉丝发现海外用户不仅注重游戏情节、关卡设计，还关注游戏的美术风格和其中的文化元素露出。基于此，莉莉丝开始在后续产品中融入满足海外市场用户喜好的美术风格和文化元素，游戏 *AFK 2:Journey* 巧妙融入了迪士尼和吉卜力的美术风格，以及广受海外用户欢迎的 Furry（毛绒）文化，更好地吸引了目标市场用户。

海尔面对面了解消费者的做法，可以给中国出海企业带来一些启发。海尔的消费者调研团队会深入当地消费者家中，与他们接触一段时间，在尽量不干扰的前提下观察消费者，获得连消费者都不清楚的深度洞察。比如在进入非洲市场时，为了更好地理解非洲消费者的特殊需求，海尔的本地团队深入非洲人家庭中，发现他们对耐用性强、抗电压波动的家电产品需求强烈。基于这些洞察，海尔开发了适应非洲电力环境的抗电压波动的冰箱和空调，确保产品在电力不稳定的情况下仍能正常使用。

## 注重当地消费者反馈

产品本土化是一个需要持续优化迭代的过程，中国出海企业可以借助消费者的反馈，及时识别产品或服务中的不足，进而对产品进行针对性的优化升级，不断提高产品的本土化程度。

安克创新通过建立客户之声（VOC）系统，及时收集并分析消费者的需求反馈，从亚马逊网站上获取大量产品使用评价，从而清晰掌握产品的优劣势以及消费者的痛点与需求，不断对产品进行优化升级。比如，安克创新充分吸取消费者对苹果充电线容易损坏的反馈，研发推出了一种更加耐用的编制快充线——"拉车线"，有效解决了消费者对于充电线易损坏的困扰，赢得了市场的广泛好评。对于欧美消费者反馈的树装安防摄像头充电困难的问题，安克创新对原有安防摄像头进行升级，推出一款待机时长180天以上的摄像头。之后，安克创新进一步推出待机时长365天的摄像头，大大提升了欧美消费者的使用体验。如今，安克创新逐步从亚马逊扩展到其他平台，利用不同的工具与形式，更全面地触达不同渠道的消费者，多方位把握消费者需求，为本土化产品的持续改进与创新提供源源不断的使用反馈。

SHEIN利用投放测试系统持续不断地获取当地市场消费者对产品的反馈，并以此对产品进行优化升级。SHEIN每天的标准产品单位（SPU）有5 000款左右，若以存货单位（SKU）为口径，每天上新可能高达几万款。这些新品上架后，便立即被投放测试系统并纳入监控范围。SHEIN会全方位、实时捕捉与这些产品销售相关的消费者行为，以此获得最真实、最直接的消费者反馈。比如，哪些地区的消费者浏览了哪些产品细节，哪些地区的消费者将哪些产品加入购物车，哪些消费者将哪些产品转发到哪些平台等。通过对这些消费者行为数据的分析，SHEIN进一步明确不同市场爆款中的爆款，进一步制定与之相匹配的营销策略。在这样一套不断收集、不断优化的反馈机制的帮助下，SHEIN在各个市场的产品不断迭代升级，爆款率持续提升，滞销率持续下降。目前，SHEIN整体的滞销率只有10%左右，低于ZARA的15%。

**分析当地消费者数据**

中国出海企业在洞察当地消费者需求的过程中，要格外注重收集、分析消费者数据，基于数据决策，充分发挥数据的作用。

拼多多在出海过程中非常重视通过数据挖掘消费者需求。在进军东南亚市场时，拼多多通过分析当地消费者的浏览和购买数据发现，当地消费者对于性价比高的简约型小家电和家居产品有着强烈需求。基于此，拼多多快速调整产品供应链，选出适合东南亚市场的简约型小家电产品并精准投放。

TikTok亦是如此。在印度市场，TikTok通过分析用户上传的视频内容和互动数据，发现当地用户偏爱展现地方文化和传统特色的视频内容。基于这一洞察，TikTok推出相应机制，鼓励用户围绕当地节日、风俗文化等创作内容，丰富平台上此类内容的供给。同时，TikTok还调整推荐算法，突出上述内容的推送，极大地提升了平台用户留存率。

除了消费者使用数据，售后数据也是企业洞察当地消费者需求的重要来源。OPPO通过分析售后维修数据发现，因手机进水而送修，在售后维修中占一定比例。通过进一步观察，OPPO发现由于降水量较大，很多印尼人在雨天会给手机套上一次性防水袋，但这样的做法会严重影响通话效果。基于此，OPPO在面向印尼市场推出新产品时，着重对防水功能进行优化处理，赢得了当地消费者的广泛好评。

除了利用自主积累的数据，中国出海企业还可以利用相对成熟的第三方数据进行需求洞察。海外主流的数据平台有Zoho、Salesforce、HubSpot、Oracle、Microsoft、SAP、Adobe Analytics、Tableau以及Alteryx等。此外，数云、Convertlab、销帮帮、销售易、纷享销客、径硕科技、神策数据、用友、金蝶等国内的一些客户关系管理（CRM）和营销技术（MarTech）公司，也随着中国企业出海而在海外开展业务，中国企业出海时可根据自身业务需求进行组合选择。

需要注意的是，消费者数据往往会包含隐私信息，中国出海企业在采集、使用这些数据的过程中，需要符合当地的安全及隐私规定，避免触发合规问题。对此，我们将在后续合规章节中进一步讨论。

## 建立本土化专业团队

为了更好地洞察当地消费者需求，中国出海企业通常会建立专业的本土化市场洞察团队，持续深入地研究当地市场。

安克创新在美国、日本、阿联酋都设有海外办公室，美国办公室不仅有销售和营销团队，还增设了测试、商务拓展等团队，以便更加快速高效地了解市场需求。与之类似，追觅科技为每一个产品业务线配置了专门的消费者洞察团队，在各个平台收集消费者反馈，与消费者进行深度沟通。在收集消费者的需求后，追觅科技的消费者需求洞察团队会进行细致的分析与整理，提炼出产品优化的关键点和创新方向，传递给产品研发团队，指导产品的持续改进与有效创新。

鉴于海外市场需求洞察中常常会遇到语言障碍、文化差异等问题，不少中国出海企业在需求洞察专业团队中雇用当地员工，发挥当地员工的作用。

小米在印度组建了一支由当地人组成的需求洞察团队，深入各个地区，通过走访、用户访谈等方式，收集消费者对于小米手机性能、价格、售后服务等方面的需求与反馈。在曼谷的OPPO团队、在法国的泡泡玛特团队也都吸纳了当地人才，通过当地员工加强对消费者审美偏好和使用习惯的深刻理解，克服语言和文化障碍，了解当地市场的需求和消费者偏好。

## 第二节 全面理解需求，抓住需求痛点

海外市场需求多样，中国出海企业要在洞察市场需求的基础上进行分析研究，全面理解本土化的市场需求，搞清楚消费者真正的痛点，进一步满足消费者的附加需求以及美好愿望。

### 抓住当地消费者的根本痛点

中国出海企业在开发产品时，必须确保产品的功能和性能直击当地消费者痛点，解决他们的核心需求和实际问题。只有如此，方能赢得当地消费者的青睐。

传音在选择将非洲作为出海目的地时，发现当地消费者的需求各有不同。在深入分析当地消费者的不同需求后，发现不管是来自非洲哪个地区，他们几乎都面临着同样的消费痛点——非洲电信运营商多，且每家运营商的通信网络覆盖范围有限，消费者通常需要持有多张用户识别模块（SIM）卡，

才能保证在不同地区保持通信顺畅，使用起来非常不便。对此，传音果断行动，利用国内成熟的双卡双待技术，加快面向非洲市场研发、生产多卡手机。这款手机一经上市，便受到非洲消费者的热烈欢迎，迅速在市场上占据一席之地，为传音在非洲市场的拓展奠定了坚实的基础。

在海外市场调研过程中，追觅科技发现，与国内家庭铺设硬地板或瓷砖不同，大多数欧洲家庭选择大面积铺设地毯，而地毯和地板的清洁工具不一样，两者不能通用，中间更换清洁工具很麻烦，令很多家庭头疼。为解决这一痛点，追觅科技针对性地开发了具有自动拆卸抹布功能的扫地机器人。该款扫地机器人在清洁过程中能够准确识别地毯，然后自动返回基站把抹布拆下来，再去清扫地毯；扫完后自动返回基站，装上抹布继续拖地，成为地毯和地板复合场景下的最佳清洁产品，广受欧洲消费者欢迎，亚马逊网站五星好评率近 70%。

不同的海外市场的消费者痛点往往有很大差异，需要中国出海企业灵活、精准应对。安克创新在美国市场面临的最大的消费者痛点是大部分充电宝无法兼容苹果和安卓充电器，这让很多同时使用苹果和安卓手机的消费者头疼。对此，安克创新针对性研发推出能够兼容多厂家电子产品的充电宝，这款充电宝常年位居亚马逊细分销量榜单前 10 名。在中东市场，安克创新首要解决的消费者痛点不再是充电宝的兼容问题，而是高温下使用充电宝的安全性问题。中东地区室外温度最高可达45℃，在高温环境下充电宝易发生爆炸，使用时并不安全。对此，安克创新在中东发售的充电宝产品在高温防护方面做了针对性技术突破，以确保产品在高温环境下安全使用。

**满足当地消费者的附加需求**

在分析研究当地市场需求时，除了满足消费者对质量、价格等的要求，还要满足他们的附加需求，提供一定的情绪价值。奥迪当年在中国市场推出加长版A6L车型，就是因为理解中国消费者对于宽、大、长的车型情有独钟，这一决策背后是对中国消费者喜欢气派这一潜在情感需求的洞察与满足。与此类似，中国企业在海外推出产品时，除了要解决需求痛点，还应更进一步挖掘、理解深层次的情感需求，以满足消费者的附加需求和对生活的美好愿望。

在泰国等东南亚地区，夏季炎热，当地人对冰沙的需求较高。根据此类需求的特点，海尔设计推出了带有专门制作冰沙的变温区的冰箱，在满足当地消费者用冰箱储藏食物这一基本需求的基础上，又满足了消费者在家中制作冰沙的附加需求。

随着环境、社会、治理（ESG）在全球越来越受重视，联想发现海外消费者对联想产品的咨询不限于性能、价格、质量、服务等，对产品环保性的咨询数量呈现激增的趋势。经过深入研究后，联想将消费者对产品环保性这一要求融入产品方案中。2022年，联想Think Pad X1及Z系列产品采用全新竹纤维包装，由100%可再生竹纤维制成，与之前的包装相比，极大地减少了碳排放量，受到消费者的欢迎。

## 关注当地消费者的美好愿望

中国出海企业必须高度重视当地消费者对美好生活的向往，这不仅是他们内心深处的渴望，也是未来消费趋势的体现。

追觅科技在出海过程中不仅关注当前的市场需求，更致力于通过前瞻性的技术创新来引领市场，满足消费者对于未来产品的美好愿望。追觅科技针对当地市场未来3~5年的潜在需求进行深入研究，在此基础上持续进行正向技术创新研发，在消费者意识到这些需求之前就做好准备。相比其他同期发布的海外产品，追觅科技的产品往往配备更新的技术和更全的功能，产品使用体验感大大领先。

在拓展海外市场时，大疆通过与当地创意工作者、数字媒体企业和教育机构开展深入合作，提前预判消费者未来将不再局限于对静态影像的记录，而是追求沉浸式体验和个性化互动。因此，大疆在新品研发时为无人机预留了适配增强现实（AR）眼镜、语音控制、智能场景识别等技术接口，为未来消费者对沉浸式全息影像和智能拍摄模式的潜在需求做好准备。这种对未来消费趋势的深刻理解和回应，帮助其在激烈的市场竞争中抢占先机。

## 第三节　针对市场需求，极致本土化产品研发

在洞察并筛选当地消费需求、抓住消费痛点的基础上，中国出海企业需要进行针对性的本土化产品研发，以确保产品能够真正满足目标市场的需求，并在激烈的市场竞争中脱颖而出。

我们将众多中国出海企业在本土化产品研发方面的经验总结为4P模型："Precision"（精准对接当地市场需求）、"Practice"（适应当地技术和标准）、"Partner"（发挥当地合作伙伴的作用）、"Platform"（建立当地研发团队，打造全球化研发平台）。

### Precision：精准对接当地市场需求

中国出海企业必须将产品研发与市场需求紧密结合，避免产品研发闭门造车。为了能精准对接当地市场需求，大多数中国出海企业选择让研发人员下沉至一线，或是建立研发与市场人员协作的"混编"团队，以确保产品研发与当地市场需求完美对接。

海信集团特别强调研发人员深入市场一线理解消费者需求的重要性。海信集团预研技术部总经理王海燕曾表示，如果不是去日本交流，她不会知道日本人有冷冻热米饭的需求，"我们要想天天坐在国内，就能研发出一款让国外用户喜爱的产品，几乎是不可能的"。为了理解最真实的消费者需求，海信将产品研发人员派驻海外市场，由研发人员面对面与消费者、终端销售人员进行深入沟通，听取消费者最真实的意见，获得一手的消费者需求，并以此为指导进行产品研发。

为了精准对接市场需求，华为建立了研发和市场的"混编"团队。市场人员专注于理解和挖掘客户在产品方面的需求，当发现现有产品无法满足客户需求时，他们会迅速联动研发人员，针对产品需求进行系统性开发。研发人员会在市场人员的要求下，到达现场与客户交流并确定开发需求，有时甚至会把产品开发场地转移到现场，为客户改代码。这样的"混编"团队有效降低了本土化产品研发的盲目性，使产品本土化适应性得到显著提升。

## Practice：适应当地技术和标准

本土化产品研发还需要关注产品与当地标准的适应性，尤其是针对基础设施尚不完善的新兴市场。

在东南亚，通信网络和手机配置普遍落后于国内，若直接将国内的游戏产品迁移过去，虽然产品设计精美，但无法加载出来，会严重影响用户体验。为了适应东南亚用户普遍较低的手机配置和网络配置，一些游戏企业主动降低配置要求。莉莉丝的游戏 *Free Fire* 通过降低画面质量，在保持小型下载包的同时，保障了游戏体验流畅。这种策略不仅满足了低端手机的需求，同时有效解决了数据消耗和网络连接的局限性。因此，对于中国出海企业来说，深入理解目标市场的硬件环境和技术标准，对产品进行细致的本土化适配，是赢得当地消费者认可的关键。

## Partner：发挥当地合作伙伴的作用

中国出海企业可以与当地伙伴开展合作，利用他们对当地市场需求的理解、技术和经验，开发更符合当地需求的产品。

中兴通讯在非洲市场与本地电信运营商 MTN 合作，针对非洲地区网络基础设施薄弱的问题，联合研发了低成本、高效率的通信解决方案；腾讯在拓展海外游戏市场时，与东南亚知名游戏开发商 Garena 合作，联合研发了符合东南亚玩家偏好的英雄角色、语言版本以及赛事体系，从而大幅提升了当地市场的用户黏性和市场份额；比亚迪在进入欧洲市场时，与德国当地汽车零部件供应商博世合作，针对欧洲消费者的驾驶习惯和环保要求，优化了新能源汽车的刹车系统和能源回收技术，同时借助博世全球知名的品牌效应，赢得了欧洲消费者对中国品牌的信任。

在此过程中，中国出海企业要特别重视对知识产权的保护。华为在与当地技工成立联合创新中心之初，都会签订明确的知识产权协议，以保护双方在创新成果中的合理利益。以分布式基站为例，它是华为和沃达丰在基站架构领域的重大创新，双方在合作之初就通过明确的协议和制度保证知识产权的清晰界定，并在项目过程中严守信息安全，在未获得对方许可的情况下，不得向第三方透露相关信息。有关知识产权的具体内容，在本书合规章节中会进一步讨论。

## Platform：建立当地研发团队，打造全球化研发平台

华为目前在俄罗斯、法国、意大利、美国等20多个国家和地区设有研发中心，承担不同市场的产品调研和研发工作；美的集团在美国、德国、日本等地设立研发中心，结合当地市场需求开发产品；海信在迪拜、南非设立研发中心，围绕本地化电视及家电产品的需求进行创新开发；大疆在荷兰开设研发办公室，聚焦于无人机在欧洲市场的本土化适配。

越来越多的中国出海企业在海外市场建立本土研发机构，深入当地市场、整合当地资源，从事本土化产品的研发。

经过多年的积累，如今比亚迪的研发机构布局，已经初步具有全球化研发平台的雏形。比亚迪在美国、欧洲、日本、韩国等多个国家和地区设有研发中心。在美国，比亚迪将研

发中心设置在技术发展较快、人才资源丰富的洛杉矶，用以支持新能源汽车、自动驾驶技术等方面的研发；在欧洲，比亚迪在历史悠久的燃油车发源地德国设置了研发中心，用以支持车身结构、底盘系统、工程技术等方面的研发；对于三电技术发展较早且较为成熟的日韩地区，比亚迪将负责三电研发创新的中心布局在这里。

未来，随着海外市场的研发机构越来越多，中国出海企业要开始考虑平衡各个研发中心和研发基地之间的职能、分工，构建高效的全球研发资源协作机制，打造全球范围内的研发平台，确保每个研发中心都能发挥最大的优势，更高效地进行产品的创新研发。

## 第四节　优质配套服务，实现价值闭环

本土化产品研发只是价值创造的一环，要想全面实现本土化产品的价值，中国出海企业还必须打造另外两个环节：一个是完整、高效的交付闭环，将本土化产品交到当地消费者手中；另一个是在产品交到消费者手中之后，提供全面、优质的配套服务。

## 打造完整、高效的交付闭环

要让当地消费者真正感知并认可产品的价值,中国出海企业必须建立一套高效的组织运作机制,形成从需求洞察到产品交付全过程的闭环。完整是基础,高效是关键。

要实现快速交付,中国出海企业可以从两方面入手:一是建立本土化供应链,二是借助数字化手段辅助优化。SHEIN在海外市场的成功,不仅仅在于对市场趋势的敏锐洞察,更在于能够通过高效的组织运作机制,实现从需求洞察到产品交付的全过程高效闭环,以最快速度满足全球消费者的需求,为消费者创造价值。SHEIN供货周期最快只需要3天,大大快于ZARA、H&M、Boohoo和ASOS等快时尚竞争企业。关于这部分内容,本书在第五章会有更详细的介绍。

## 提供全面、优质的配套服务

华为在开拓欧洲市场时,服务是其最明显的短板,后来华为在服务上持续发力,把售后服务作为长期销售的开端,以全面、优质、贴心的售后服务为企业创造长期价值打下基础。要想在海外市场做好服务,最重要的是要建立本地服务团队,其次重要的是要选择当地合作伙伴,最后是要建立服务支持平台,并将服务流程标准化。

要做好海外市场服务,建立本地服务团队非常重要,团队成员承担了前端市场服务、产品售后服务等多种职能。中国出海企业不仅要考虑在当地建立服务团队，团队成员的本土化也非常重要。服务是和客户贴得最近的一环，在语言、文化等方面，本地员工比外派员工更有优势，因此要大力招聘和培养本地员工。以华为为例，截至2023年，其海外员工本土化占比约为64.3%。

要做好海外市场服务，选择好合作伙伴、进一步完善服务也很重要。本土服务商更了解当地文化习俗和消费习惯等，出海企业可以发挥合作伙伴的作用，让专业的人做专业的事，进一步完善服务体系和服务质量。例如，比亚迪与巴西当地的充电桩运营商和汽车维修企业建立了合作伙伴关系，共同完善售后服务生态；海尔出海东南亚时，与本地维修企业合作，确保维修网点数量，使产品问题能够快速得到解决。

要做好海外市场服务，建立服务支持平台、将服务流程标准化同样至关重要。服务支持平台不仅可以为消费者提供方便、高效的售后服务，还能有效支持当地团队更好地开展工作，提高服务效率、降低服务成本。传音在非洲多个国家建立了超过2 000个售后服务网点，并推出"Carlcare"售后服务品牌。通过Carlcare，传音提供包括维修、软件升级和用户咨询在内的多种服务，并设立专属的移动应用程序，方便用户在线查询维修进度或预约服务。蔚来进入匈牙利市场后，成立了多功能服务中心，招募来自欧洲多个国家的50多名员工，为欧洲客户提供全天候的服务支持。

将服务流程标准化是做好海外市场服务的又一个重要方面。一些企业在国内可能已经有成熟的、可执行的服务流程，可以借鉴国内服务流程，再根据海外业务实际情况，制定出符合当地情况的服务流程。例如，华为曾在欧洲成立国内和本地专家联合项目组，共同优化服务流程；美的综合考虑不同市场的具体情况，聘请具有跨国经验的咨询机构，在此基础上建立了本土的标准化服务流程。

## 第五节　依托国内产业，建立差异化竞争优势

当年日本企业出海时，曾利用本国的成本、效率和工程技术优势，打造出具有差异化竞争优势的产品，在全球市场竞争中脱颖而出，其成功经验为中国出海企业提供了重要启示。如何利用我国在高效生产、健全供应链、成本领先、工程师红利、成熟互联网商业模式和先进数字化能力等方面的比较优势，建立本土化产品的差异化竞争亮点，是每一个中国出海企业必须深入思考的问题。

经过工业化进程的长期积累，我国已建立起全球领先的强大制造能力，可以保证出海企业能够迅速实现产品的生产和交付，满足海外消费者对产品质量和数量的要求。我国供应链体系完整、稳定，为出海企业提供了从原材料采购到

产品分销的全方位支持，可以有效降低制造成本和物流成本，确保来自国内的物美价廉的产品能够及时送达全球各个角落。

近年来，高素质的工程师团队以及领先的数字化能力，已经逐渐转化为新时期我国的比较优势，成为支撑中国企业出海的新动力。我国拥有世界上规模最大的工程师队伍，他们具备扎实的专业知识、丰富的实践经验以及吃苦耐劳的工作态度，能够迅速推动产品研发、迭代，这些都是助力企业在海外取得成功的关键。我国游戏企业在海外取得成功，是我国高质量工程师比较优势的集中体现。我国拥有大量的计算机科学、软件工程、美术设计等相关专业的人才，他们在游戏设计、程序开发、美术制作等方面展现出高超的技能，使我国游戏产品在质量上与国际巨头相比毫不逊色。比如米哈游在游戏《崩坏3》中尝试三维（3D）动作角色扮演游戏（RPG），在视听表现、战斗体验、养成与交互等方面领先竞争对手；游戏《原神》在渲染、建模、物理反馈、音乐等方面，均已达到移动端手游的顶尖水平。

相对成熟的互联网商业模式也为我国企业"走出去"提供了新的机会。TikTok在全球范围内迅速走红，成为中国互联网商业模式成功出海的典型案例；全球速卖通（AliExpress）是阿里巴巴集团面向全球消费者打造的跨境电商平台，它将阿里巴巴在国内成熟的电子商务模式应用到海外，为海外消费者提供了便捷的购物体验；Temu的出海之旅得益于拼多多在国内市场已运营十分成熟的互联网商业模式，这一基础为其出海提供了坚实的支撑。中国企业通过复制和改良国内成熟的互联网商业模式，不仅能够快速适应和占领海外市场，还能够创造新的商业机会和增长点。

  以上出海实践启示我们，在面对海外市场竞争时，中国出海企业应有效利用比较优势，以此为基础建立差异化的产品竞争，在激烈的海外竞争中立于不败之地。

第三章

# 中国企业出海如何建渠道?

销售渠道网络是企业确保产品有效触达目标消费者的重要一环。一些中国出海企业通过建立有效的销售渠道，取得了不错的成绩。

安克创新以亚马逊为起点，拓展 eBay、全球速卖通等跨境电商平台，随后布局独立站，并广泛在零售卖场、独立 3C 商店等线下渠道深耕，建立起较为完整的销售渠道网络，发展成为全球领先的数码充电品牌；SHEIN 紧紧抓住独立站的红利，迅速成长为线上快时尚零售巨头；传音依托当地有实力的经销商，建立起强大的销售网络，成为"非洲手机之王"；蔚来在挪威、德国、荷兰等国自建直营店，更好地将品牌理念传递给海外消费者。

海外市场的渠道与国内不完全相同，需要深入研究、探索。海外市场渠道多种多样，中国出海企业必须根据产品特点以及自身的资源能力制定渠道策略，因地制宜、量力而行。

在渠道建设过程中要先探后进、先试水再深入，同时，要非常重视渠道的长期建设以及合作伙伴的管理与维护。在这一过程中，中国出海企业还可以通过并购、投资等方式与海外企业建立合作关系，以快速建立销售渠道、降低风险。

## 第一节　海外市场销售渠道的选择

一般来说，海外市场销售渠道分为线下和线上两类，线下包括品牌方直营店、零售商、中间商（包括代理商和经销商）；线上包括品牌方独立站和电商平台（见图3-1）。

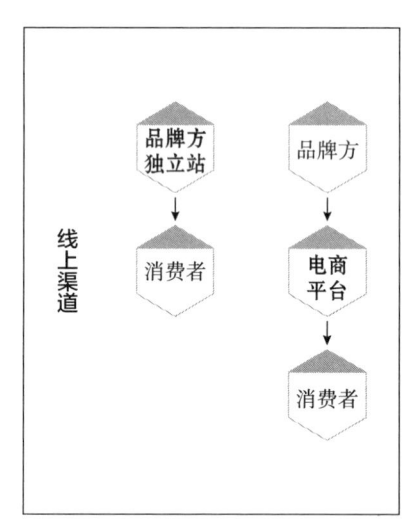

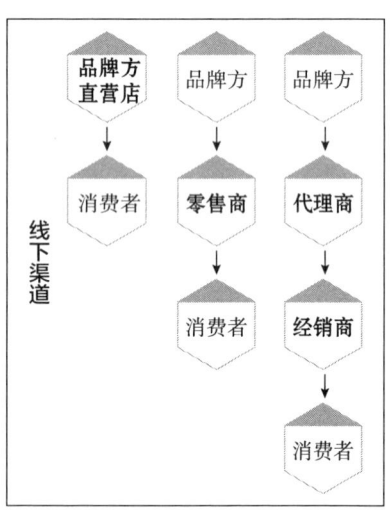

图3-1　海外市场销售渠道分类

# 线下渠道

线下渠道有以下三种形式。

**开设直营店，树立品牌形象**

打造直营店能够帮助中国出海企业直接面向海外消费者，建立良好的品牌形象。通过对直营店的统一运营管理，中国出海企业能够完全控制品牌形象和客户体验，保持高标准的产品和服务质量；增强与当地消费者的联系和互动，直接掌握市场信息和消费者反馈，快速响应市场变化。

与其他消费品企业不同，泡泡玛特以单一直营店的方式布局海外市场，并以自己的理念运营自营店。2022年，泡泡玛特在韩国首尔开设首家直营店，该店跳出传统的卖场逻辑，定位为文化体验空间。店面一共三层，每层均设置拍照打卡区，供消费者与他们喜爱的知识产权（IP）互动，三层提供了一个特殊区域，让消费者有机会与产品背后的艺术家互动，既满足了消费者时尚、潮流的购物体验，又为品牌做了宣传。首尔旗舰店的爆火，坚定了泡泡玛特继续开设直营店的决心。目前，在泡泡玛特的海外业务中，直营店收入占比超过95%。名创优品在北美的门店超过八成为直营店，为海外业务做出了巨大的贡献。2022年，名创优品创始人叶国富接受美国CNBC访谈时曾表示："美国直营店月均销售额为50万美元，12月的收入达到100万美元，毛利率远高于50%。"

安踏产品进入东南亚市场的销售渠道以直营店为主力，以新加坡为中心，在泰国、马来西亚、菲律宾、越南等国的核心商圈开设直营店。通过开设直营店，安踏希望在东南亚市场不断提升品牌影响力，实现长远发展。

海外直营店的开设，对出海企业的资金实力和管理能力要求较高。一方面，企业需要投入大量资金用于店铺租赁、装修、人员招聘与培训等，运营成本高昂。比如，蔚来在欧洲的直营店选址基本是在市中心人流量大的繁华街区，面积通常在上千平方米，租金成本高昂。另一方面，直营店管理也是一大难题，需要适应当地法律法规、尊重当地宗教习俗等。蔚来创始人李斌曾这样评价在海外建直营店："在充满不确定性的当下，蔚来选择了一条难走的路。"

**搭建零售渠道，稳健拓展市场**

搭建零售渠道是中国出海企业重要的线下渠道选择。企业一方面可以选择与当地有实力的综合类或垂直类零售商合作，另一方面也可以通过推行加盟模式，深化当地市场的线下渠道布局。

不同国家和地区都有一些主流的综合类或垂直类零售商，如美国的沃尔玛、好市多、塔吉特，欧洲的家乐福、欧尚、麦德龙，亚洲的7-Eleven、全家，印度尼西亚的Alfamart，越南的Vinmart，墨西哥的OXXO等。

中国出海企业在入驻海外主流零售商时往往会面临较高的

进入门槛。这些主流零售商在筛选入驻企业时会进行严格的综合评估,包括但不限于产品的质量与包装、市场发展潜力、供货价格竞争力、生产与物流效率、供应链稳定性、在其他销售渠道的业绩表现,以及企业的资质认证和获得专利情况等。商务谈判也会经历多轮考验,颇具挑战性。

2016年以前,海信冰箱出口到美国时,在渠道选择上与当地主流零售商合作。由于实力不强,海信处于相对弱势地位,只能通过招投标的方式进入好市多、沃尔玛等综合类零售渠道。经过多年经营,凭借产品的稳健表现,海信逐渐获得越来越多主流零售商的认可。如今不仅与主流的综合类零售商合作良好,还以战略合作、产品联合设计等方式成功打入百思买、劳氏等美国主流垂直类零售渠道。

中国出海企业可以通过线上平台积累的出色表现,来增加入驻线下零售渠道的谈判筹码。追觅科技北美负责人表示,追觅科技最初在北美市场选择在线上平台进行销售,待运营一段时间并取得不错的市场表现,有了更强的说服力后,再考虑进入线下主流零售渠道。与之类似,安克创新在亚马逊平台发展成为头部3C品牌,为顺利入驻美国、英国、德国、法国等国家的线下主流零售渠道奠定了良好基础。

发展加盟商成为不少中国出海企业在海外搭建零售渠道的另一种选择。由于加盟商多为当地人,对市场更为了解,适应能力也更强,因此能够有效帮助中国出海企业快速拓展市场。

很多中国餐饮企业在海外采取加盟模式拓展业务。喜茶开放了日本、新加坡、泰国、越南、马来西亚等东南亚海外市场的加盟商申请；蜜雪冰城在海外的快速扩张离不开其成熟的加盟模式，2024年4月，蜜雪冰城在越南、印度尼西亚、新加坡、泰国、韩国、日本、澳大利亚等国家已开设近5 000家门店。

需要注意的是，与东南亚相比，在欧美等发达国家市场寻找加盟商的难度较大。在越南，蜜雪冰城的加盟商只需要投入18万~20万元，就可以开一家约30平方米的门店，低于在国内的30万元成本。蜜雪冰城的海外门店超过八成在东南亚，但在欧美等发达国家市场，由于装修、房租等成本大幅升高且有成熟中式餐饮经验的人比较少，寻找合适的加盟商难度非常大。

此外，如果管理不善，中国出海企业在海外可能会遭遇加盟商的冲击，加盟商会撤掉原品牌，换成自己的品牌另起炉灶。2017年，贡茶在新加坡的加盟商就将所有门店原地改造为自创品牌"LiHo"。霸王茶姬也曾有过类似遭遇。2020年霸王茶姬采取加盟模式进入新加坡市场，2024年加盟商将其12家门店全部换为"amps tea与茶"，除招牌和包装外，门店员工、饮品菜单甚至饮品口感基本没有变化。

遭遇这一挫折后，霸王茶姬加强了对海外加盟商的管控，采取"1+1+9+N"直营加盟强管控模式。第一个"1"是指开店前先在当地成立一家全资公司，根据总部战略开展工作，做好组织保障等；第二个"1"是指开一家直营店，用来验证产品接受度、单体经济（UE）模型等；"9"是指开多家联营店，将门店的经营标准梳理好、经济模型建立好、组织能力保障好；"N"是指如果以上联营门店得到充分验证，之后会开放更多的门店加入。

**借力中间商，快速进入市场**

中间商（包括代理商和经销商）是中国出海企业快速进入市场并降低风险的有效渠道。当地中间商对市场理解深刻，且具有相对成熟的销售网络和渠道资源，能够帮助中国出海企业快速适应市场，降低进入成本。同时，中间商一般承担库存、物流和售后服务等工作，可有效减轻中国出海企业在海外市场的运营负担。

传音、名创优品都是与经销商合作建立海外市场销售渠道的。传音与全球超过2 000家具有丰富销售经验的经销商建立了密切的合作关系，建立起广泛的销售网络。通过这些经销商渠道，传音的产品得以深入非洲、南亚、东南亚、中东和拉美等70多个国家和地区。截至2023年6月30日，名创优品在海外共有229个代理商，它们负责在当地选址、开店、招聘、管理等日常经营业务。

比亚迪通过与有实力、熟悉当地市场的经销商合作，建立本地化销售和服务体系，迅速进入当地市场。比亚迪在某些国家和地区选择独家合作策略，如在泰国选择RÊVER

Automotive 作为独家授权经销商，增强品牌影响力和品牌信任度；在另一些国家和地区选择多方合作策略，如在巴西与39个经销商集团建立合作关系，拓宽销售渠道。在该模式下，比亚迪在全球建立起数量庞大的经销商门店，截至2024年中，欧洲门店超过260家、泰国门店112家、巴西门店100家（见表3-1）。

表 3-1　比亚迪在重点国家和地区的经销商合作情况

| 地区 | 代表性国家 | 经销商 | 介绍 | 门店 |
|---|---|---|---|---|
| 欧洲 | 德国 | Hedin Mobility | 比亚迪与 Hedin Mobility 集团合作，为德国本地消费者提供销售、售后等全方位一体化服务 Hedin Mobility 是欧洲最大的经销商集团之一，旗下拥有330多家门店，业务覆盖德国等14个国家和地区 | 截至2024年5月底，比亚迪累计进入德国、英国、西班牙、意大利、法国、荷兰、挪威、匈牙利等在内的20个欧洲国家，开设超过260家门店 |
| 亚洲 | 泰国 | RÊVER Automotive | RÊVER Automotive 作为泰国知名的新能源汽车经销商，是比亚迪在泰国的独家授权经销商 | 截至2024年6月初，比亚迪和RÊVER Automotive 的官网显示在当地已有112家经销商门店 |
| 美洲 | 巴西 | Saga、DVA、Eurobike 等 | 截至2024年5月底，比亚迪在巴西的销售网络已覆盖39个经销商集团 | 截至2024年5月底，比亚迪累计在巴西开设了100家经销商门店，覆盖135个指定网点 |
| 中东地区和南非 | 以色列 | Shlomo Motors | 比亚迪指定 Shlomo Motors 为以色列全国经销商，负责电动汽车在当地的销售和售后服务；二者的合作开始于电动巴士业务，已持续十多年 | 截至2024年6月初，比亚迪在以色列主要城市海法、特拉维夫等地共开设5家门店 |

OPPO的代理商模式独具特色，与选择海外市场当地代理商不同，OPPO的合作伙伴大多来自国内，包括OPPO的国内代理商、老员工以及供应商等。他们与OPPO有着长期紧密的业务往来，在一定程度上与OPPO形成了"内部关系"。这种模式使代理商深入了解OPPO的运营和营销打法，并与OPPO有着共同的使命感和深度的信任关系，帮助OPPO的产品更快地覆盖目标市场，提高市场占有率。

选择中间商模式虽然可以快速进入当地市场，但由于中间商在一定程度上决定了产品定价、营销策略、客户服务标准等，导致企业对品牌、产品等的控制力较弱，存在一定风险。企业也无法直接获取一线市场数据和消费者数据，难以快速应对市场变化。而且，如果过度依赖中间商，一旦合作关系破裂，企业的海外业务将会受到重大影响。

因此，中国出海企业在选择中间商时，需要谨慎评估目标市场环境、中间商的信誉与能力，以及自身对品牌和产品的控制力等，通过有效的合同条款来平衡双方的目标与利益，确保与中间商合作的稳定性和可持续性。名创优品在海外寻找代理商时充分考虑其资金实力、零售经验、社会资源等要素，如在法国选择当地多位商界名流，包括在华经商15年以上的企业家、资深媒体人、金融咨询分析师等。同时，名创优品也非常看重代理商的合作态度与合作目标，以确保合作的长期稳定性。

随着中国出海企业海外业务不断深入以及自身实力不断增

强，一些企业逐渐从中间商模式转变为直营店模式。2017年，名创优品进军北美，寻找代理商在美国、加拿大的多个城市开店，总部几乎不参与门店的管理和运营，只负责供货。然而，由于代理商沟通效率低、经营策略落地慢，名创优品从2019年起逐渐停止代理商门店合作，以疫情对线下门店经营冲击严重为契机，快速收回代理商门店经营权，转向开办直营店。如今，名创优品在北美的门店有八九成是直营店。

## 线上渠道

线上渠道一般有以下两种形式。

### 建立独立站，开展线上直营

随着互联网的发展与普及，线上消费成为全球消费者的新选择。品牌独立站相当于线上渠道的直营店。不同于中国大部分消费者习惯在综合类电商平台购物，很多海外消费者更倾向于在独立站获取相关信息并购买商品。独立站给中国企业出海提供了更大的自主性和灵活性，企业可以掌握用户画像和交易数据，结合品牌定位设计网站风格，自主对接第三方软件工具，宣传推广媒体并进行品牌运营。基于此，独立站成为不少中国出海企业强化品牌形象的重要阵地。

SHEIN通过独立站出海，迅速成长为线上快时尚零售巨头。SHEIN在美国、西班牙、法国、俄罗斯、德国、意大利等国家和阿拉伯地区建立独立站。2024年第三季度，SHEIN成为全球服装与时尚领域访问量最大的公司，同时依托国内供应链优势，通过极致性价比和快速上新的产品策略，为海外市场18~35岁的年轻女性提供快时尚女装。

中国出海企业可以通过自建、外包或借助软件即服务（SaaS）工具等方式建立独立站。自建独立站前期开发和后期维护的成本较高，而且对技术有一定要求；以外包方式建立独立站，也需要比较大的成本投入；规模小、实力弱的企业可以借助Shopify、Shoplazza、Shopline等SaaS建站工具，显著降低建站的门槛和周期。

即便如此，企业从零开始运营独立站仍有不小难度，需要较高的投入才能持续获取流量，并维持较高的客户留存率。SHEIN在成立之初与关键意见领袖（KOL）、关键意见消费者（KOC）合作，在YouTube、Facebook、TikTok等社交平台上推广产品，同时在谷歌上进行精准的广告投放，为独立站引流，以快速提升品牌知名度和市场占有率。根据界面新闻的报道，2023年SHEIN的营销费用占销售额的百分比提升至10%，估算约为30亿美元，几乎相当于其一整年的利润。

**入驻第三方电商平台，降低进入门槛**

中国出海企业通过入驻线上第三方平台拓展海外市场的优势在于，平台拥有庞大的用户基础、完善的交易体系以及丰富的数据分析工具，有助于企业快速进入海外市场。

海外第三方平台包括全球性综合电商平台、区域性综合电商平台、垂直电商平台、社交媒体平台等。对很多中国出海企业来说，全球性综合电商平台亚马逊是首选，其他两家被中国企业熟知的电商平台是 eBay 和 Wish，但这两家近年来明显衰落。此外，以全球速卖通、SHEIN、Temu、TikTok Shop 为代表的中国跨境电商平台的兴起，给中国企业出海提供了新的线上渠道。

亚马逊是全球规模最大的综合电商平台，截至 2023 年，其在全球多个国家和地区拥有超过 3.1 亿名活跃用户。安克创新、致欧科技、赛维时代、创想三维等中国企业，都是通过亚马逊平台进入海外市场的典型案例。

区域性综合电商平台也值得中国出海企业关注，如东南亚的 Shopee、Lazada、Tokopedia，拉美的 Mercado Libre、Americanas，非洲的 Jumia、Takealot，法国的 Cdiscount，德国的 OTTO.de，波兰的 Allegro，葡萄牙的 Worten，日本的 Rakuten，新加坡的 Qoo10，韩国的 Coupang、Gmarket，俄罗斯的 Yandex.Market、Ozon，印度的 Snapdeal、Flipkart，等等。通过入驻区域性综合电商平台，中国企业能够更好地了解当地消费者的需求和偏好，针对性调整产品研发、生产与营销策略，并利用该平台在当地的资源和影响力，提升自身的品牌知名度和市场占有率。

除区域性综合电商平台，不少中国企业通过专注于特定品类的垂直电商平台打开海外销路，比如主打原创性、个性化手工艺品的 Esty，主营奢侈品和时尚用品的 Net-A-Porter，主营厨具和家居用品的 Williams-Sonoma，家电电商平台 Darty，家居电商平台 Wayfair、IUIGA，数码产品电商平台 Newegg，等等。

值得重视的是，全球速卖通、Temu、TikTok Shop、SHEIN 等跨境电商平台的兴起，为很多中国企业出海提供了新的选择。全球速卖通覆盖 200 多个国家和地区，被广大卖家称为"国际版淘宝"，在全球购物 App 中，苹果手机操作系统（iOS）用户规模排行第 7 位，在韩国、俄罗斯、沙特、智利等国家跻身主流电商平台；Temu 迄今已在全球 70 多个国家和地区上线，全球下载量突破 7.35 亿次；SHEIN 在 2023 年开始平台化转型，推出 SHEIN Marketplace，在巴西试水后在美国正式上线，随后铺向全球市场。

除了第三方电商平台，随着短视频、直播等新形式在全球的发展，社交媒体平台凭借其庞大的用户基础和高度互动性，成为出海企业不可忽视的线上销售渠道。出海企业可以通过 TikTok、Instagram 等社交媒体平台展示其工厂和产品，直接进行产品推广和销售。大疆创新从出海早期就在 YouTube、Instagram、Facebook、X 等社交媒体平台建立了官方账号，并在各平台设置独立站的跳转功能，实现了从品牌展示到购买行为的直接转化。

随着竞争加剧，中国出海企业入驻线上第三方平台普遍面临收费较高、自主性受限等挑战。以亚马逊平台为例，包括交易佣金、广告费和履约服务费在内的综合费率，算下来超过销售收入的 50%。2023 年，赛维时代在亚马逊上支付的费用占其总收入将近九成，净利润率不足 5%。此外，企业还需要遵守亚马逊平台的各种规则和政策，如果因违反规则而遭到封号将损失惨重。比如，跨境电商行业有棵树在 2021 年遭到亚马逊封号之后，库存积压、连年亏损、元气大伤。

## 第二节　建设海外渠道的四个原则

中国出海企业在海外市场进行渠道建设时要遵循以下四个原则，即因地制宜、量力而行、逐步推进以及多元立体。只有遵循这些原则，中国企业才能够更稳健地在全球市场拓展业务，实现长期可持续发展。

**因地制宜**

海外市场的渠道建设成本高、周期长且情况复杂，每个国家和地区都有经过长期发展而形成的独特的渠道特点。在印度，大型商超、百货商店只占很少一部分销售比例，像"kirana"这种由店主自主经营的小型邻里商店则占据较大的零售份额；在巴西，低收入消费者很少去超市购物，个体销售人员上门推销的方式仍然流行；在欧美，线上渠道占比不高，线下是主流渠道。因此，中国出海企业必须根据当地的具体情况，制定自己的渠道策略。

传音结合非洲当地的渠道特性，选择更加适合目标市场的模式。传音最初进入非洲市场时，当地销售渠道主要依靠传统的线下经销商。基于此，传音选择与经销商、零售商深度合作，大范围开设线下零售店。随着非洲电商的兴起，传音开始拓展线上渠道，并建立自己的线上销售商城。而在墨西哥等已有相对成熟的电商渠道的新兴市场，传音则以多渠道、多模式相结合的方式，借力线上渠道提升销量。

名创优品因地制宜，在不同国家和地区采取差异化渠道策略。在印度尼西亚等国家，由于华裔数量多，消费习惯相近，名创优品沿用国内成熟的加盟模式——加盟商出资，具体运营由总部统一部署。而在其他国家和地区，如墨西哥，名创优品更多采取代理模式，由代理商自己运营、拓展门店，总部只负责供货。

安踏在海外市场拓展其主品牌时，在东南亚和美国采取了不同的渠道策略。鉴于东南亚市场的环境、消费习惯和社会文化与中国市场具有较高的相似性，且直营模式进入门槛较低，安踏选择在该地区开设直营店。而在美国市场，鉴于当地的竞争状况，安踏选择与专业的垂直类运动鞋服零售商如Foot Locker等合作。

## 量力而行

中国出海企业在搭建销售渠道时，需要充分考虑自身的资源和能力，结合业务实际情况仔细分析、量力而行。

石头科技与科沃斯在进军海外市场时，根据各自的资源和能力，选择了不同的渠道策略。成立于 2014 年的石头科技，在小米生态的支持下迅速成长。出海之初，由于资金和技术积累有限，加上自有品牌知名度不高，石头科技主要通过与慕晨、紫光等经销商合作迅速占领海外市场。随着海外业务不断发展壮大，石头科技逐步开始直接对接海外零售商，摆脱对经销商的依赖。科沃斯在 2016 年开始发力海外市场时，公司已成立 18 年，具有较强的资金实力、丰富的技术积累以及一定的品牌知名度，因此，科沃斯选择双管齐下的渠道策略。一方面建立海外分公司、直营店和售后服务点；另一方面，在山姆、沃尔玛、好市多等综合类零售商场设立专柜、专厅和体验店，以"店中店"的模式提升品牌曝光度和知名度。

泡泡玛特在海外市场的渠道策略，经历了从非直营到直营的转变，这一过程也充分显示了自身的资源和能力的变化。初期，由于缺乏海外运营经验和品牌影响力，泡泡玛特选择通过海外经销商进入海外市场，随着产品和品牌逐渐积累知名度，泡泡玛特开始与海外经销商合作成立合资公司，共同开设线下门店。例如，在韩国市场，泡泡玛特与拥有丰富潮流玩具运营经验的 DS retail 团队合作成立了合资公司；在新加坡，与具有深厚本土市场经验的 ActionCity 潮玩公司建立了合资企业。如今，随着自身营利能力进一步增强，对海外市场逐渐熟悉，也积累了一定的当地人才资源，泡泡玛特开始独立成立子公司、开设直营店，进一步开拓海外市场并巩固其市场地位。

从大部分中国出海企业的经验来看，如果缺乏资金、技术、人才等资源和能力，但希望快速进入市场并在短期内实现销售增长，可以通过入驻第三方平台出海。先以这种方式进入海外市场，取得成功之后再开拓其他销售渠道。

成立于 2011 年的安克创新最初做贴牌业务，由于资金、技术等资源有限，安克创新选择通过亚马逊平台出海，以"Anker"品牌在亚马逊平台销售产品。借助亚马逊平台庞大的用户群和成熟的电商体系，安克创新的月销售额很快突破百万美元。随着自身资金实力、技术能力和产品影响力逐步增强，安克创新不断拓宽其海外销售渠道，扩展到其他电商平台并建立独立站，发展零售商、代理商以及开设直营店。

## 逐步推进

鉴于每个国家的市场情况各异，企业需要逐步了解当地商业状况。中国出海企业在海外搭建销售渠道，无论线上还是线下、直营还是非直营，每种渠道策略都存在一定的不确定性，且需要较大投入。因此，中国出海企业应采取谨慎的态度，遵循逐步推进的原则，多种尝试、不断迭代、稳健前行。这种做法可以帮助出海企业有效评估、检验渠道策略的可行性和成本投入，及时发现并纠正问题，进行策略调整，避免一次性大规模投入带来的潜在风险，提高海外渠道建设的成功率。

不少中国消费品企业在出海时选择从低成本、小规模的跨境电商试水，逐步拓展线下渠道、层层布局。

泡泡玛特先在线上试水，再逐步探索布局线下渠道。具体来说，泡泡玛特在进入某个市场开线下店铺之前，会先在亚马逊、Lazada等海外电商平台铺货，并对销售数据进行测试，如果销量明显增长，泡泡玛特将派出更多的市场调研人员，进行线下点位搜索和店铺选址。在最终确定线下店铺之前，泡泡玛特还会再用1~2年的时间持续试水，基本按照"展会曝光—机器人商店及快闪店试点—零售店进驻"的节奏推进。以日本东京店为例，2020年2月，泡泡玛特参加日本东京Wonder Festival潮玩展，初步打响品牌；2020年8月，泡泡玛特在日本开设第一家机器人商店；2021年10月，东京涩谷Parco快闪店和东京Shibuya-ku快闪店开业，进行零售店选址测试；2022年7月，泡泡玛特日本首店在东京涩谷大街开业。泡泡玛特在英国、法国等海外市场的渠道建设与此类似，也是先试后进、逐步探索（见图3-2）。

| | 线下展会 | 机器人商店、快闪店 | 线下零售店和线上渠道 |
|---|---|---|---|
| | ·洞察当地市场<br>·初步打响品牌 | ·提升品牌认知度<br>·为零售店选址并测试 | ·深度触达消费者<br>·形成规模化销售 |
| 日本 | 2020年2月，参加日本东京Wonder Festival潮玩展 | 2020年8月，在日本开设首家机器人商店，相继又开设多家快闪店 | 2022年7月，泡泡玛特日本首店在东京涩谷大街开业 |
| 英国 | 2021年，参加英国顶级动漫展MCM和国际知名潮流盛会DesignerCon UK | 2021年，在伦敦举办超大模玩展览，建立快闪店 | 2022年1月，泡泡玛特英国首店在伦敦Shaftesbury大道开业 |
| 法国 | 2019年，泡泡玛特在法国参加第一次海外展会 | 2019年，泡泡玛特亮相法国蓬皮杜艺术中心，同时在法国埃贝博物馆等多个渠道销售 | 2023年2月，泡泡玛特法国首店在巴黎沙特莱广场Forum des Halles开业 |

图3-2 泡泡玛特在海外市场的渠道建设

对于非消费品企业而言，在进行海外市场渠道建设时也要采取先试后进的策略，稳扎稳打、步步推进，找到有实力的代理商合作，或者自建销售团队。

## 多元立体

中国出海企业在逐渐熟悉当地市场并取得突破后，不应局限于单一渠道策略，而应尝试采取多元化、立体化渠道策略，构建多元立体的渠道网络，以实现海外市场的全面覆盖和深度渗透。

中国出海企业在海外市场布局渠道时，要充分考虑不同层级渠道的搭配，打好组合拳，形成有效的渠道梯队；要对线下直营店、零售商、代理商和经销商等渠道进行合理配置，以实现不同市场深度的全覆盖；在条件允许的情况下，要挑选不同的代理商、零售商合作，避免因渠道伙伴单一而产生较大依赖，带来风险；此外还应考虑线上、线下全渠道发展，实现线上、线下互动与互补，全面提升品牌和产品在海外市场的影响力。

中国企业海外渠道建设要有一定深度，打好不同渠道的组合拳。要将直营店与零售商、经销商结合，在利用合作伙伴的本地资源和市场认知的同时，保持品牌与消费者之间的直接联系，更好地打造品牌形象、提升用户体验。瑞幸在海外的销售渠道不仅包括直营店，还包括零售店。小鹏汽车在海外市场采取"直营+授权销售"的策略，在欧洲多个国家建立直营店，以此塑造品牌形象、为客户提供更直接的体验，同时与多家头部经销商合作，提高市场渗透率。名创优品在拓展海外市场时，选择直营店、零售店与代理商相结合的渠道策略，截至2024年6月30日，名创优品共有2 753家海外门店，其中有343家直营店、338家合伙人门店、2 072家代理门店。

中国企业海外渠道建设要有一定宽度，避免渠道伙伴单一而形成依赖。为了减少对单一代理商的依赖，OPPO会在印度尼西亚同一个城市选择几个不同的大代理商，每个代理商建立一家专卖店，进货价单独谈且保密，每家的利润点不同，从而让这些代理商相互制衡。与之类似，比亚迪在巴西与多家经销商建立合作关系，通过相互竞争提升活力，避免受制于人。华为会根据欧洲各国的市场特点与多家本地分销商签订差异化合作协议，并严格保密各方进货价，使得分销商之间形成竞争关系，从而提高渠道效率。长城汽车在澳大利亚设立多家授权经销点，通过灵活的价格与售后策略吸引各层级合作伙伴，共同维护多渠道销售格局。

中国企业海外渠道建设要有一定广度，打造全渠道销售网络。要通过线上、线下多渠道、全渠道布局，全面覆盖不同消费者群体，提高全球市场渗透率；在多个渠道展示品牌和产品，增加品牌曝光度，提升品牌知名度和影响力；同时，通过整合多渠道的数据，企业可以更全面地了解消费者行为，优化产品和服务。

中国出海企业的渠道建设不是一蹴而就的，可以根据自身情况选准突破口，要么从线上渠道切入逐步扩展到线下渠道，要么从线下渠道切入逐步扩展到线上渠道，循序渐进，最终形成多元化、全渠道的合理布局。

安克创新从亚马逊线上渠道切入，逐步拓展至线下零售渠道，构建起"线上+线下"多元化、全渠道的销售渠道体系，实现业绩飞速增长。2024年上半年，安克创新营业收入为96.48亿元，线上收入为67.30亿元，占比69.75%；线下收入为29.18亿元，占比30.25%。传音在进入非洲市场初期主要通过线下渠道进行销售，随着全球电商的发展，传音逐步布局线上渠道，与Jumia等电商平台强强联合，提升线上销量，打造全渠道销售网络。

# 第三节　海外渠道管理的三个原则

中国企业出海,并不是定好渠道策略、选好渠道伙伴、建好渠道就万事大吉了,还需要持续进行以下几个方面的管理工作:建立绩效评价体系,定期跟踪和评估渠道伙伴的表现,赏罚分明;通过多种方式赋能渠道伙伴,与它们建立信任和长期合作关系,实现共生共赢;注重建立规则,避免渠道冲突,确保整个渠道体系健康高效地运作。

## 建立绩效评价体系,赏罚分明

中国出海企业必须定期检查渠道伙伴的绩效,包括销售定额完成情况、平均存货水平、交货时间、对损毁和丢失货物的处理、对企业促销和培训计划的配合度,以及顾客服务水平等。奖励绩效卓越的渠道伙伴,帮助绩效欠佳的渠道伙伴,必要的时候替换绩效较差的渠道伙伴。

华为建立了渠道业绩考核机制,根据代理商的业绩贡献,授予不同级别的权限,如金牌认证级别、银牌认证级别等。不同级别代理商在项目授权、运作支持优先权、培训权、返点奖励等方面权限不同。

不少中国出海企业对海外代理商奖罚分明,根据代理商的业绩,给予返利政策、价格折扣等奖励。如对经销商的拿货量定下指标，要求经销商必须在一定时间内铺到现有渠道中；铺货之后，对销售量完成情况设置指标要求，如果经销商没有完成第一单销售量指标，可以为经销商提供降价补贴，但从第二单开始，经销商要独立对销售量指标负责；经销商的库存周转率也有相应指标，以便推动经销商多批量、小批次地发货，保证业务的可持续性；最终，根据经销商的业绩完成情况和平时的合作表现，对经销商提供不同等级的拿货价优惠。此外，如果完成指标，经销商可以获得额外返点、渠道加价率等奖励。

## 多种方式赋能渠道伙伴，实现共生共赢

中国出海企业在拓展海外市场时，与渠道伙伴的关系不应仅限于简单的销售合作，而应并肩作战、合作共赢。中国出海企业可以通过提供培训、技术和人员支持等多种方式赋能渠道伙伴，帮助它们提升销售能力、增强市场竞争力，提高渠道伙伴的忠诚度和积极性，从而在激烈的海外市场竞争中取得优势。

华为认为与渠道伙伴的合作，不能总想着自己不吃亏而把风险留给渠道伙伴。合作的基础是利益共享、风险共担，特别是在市场拓展初期，应该自己多吃一点亏，让渠道伙伴分享更多利益，这样才能吸引越来越多的渠道伙伴加入华为的队伍。

OPPO在海外与一级代理商成立合资公司，共享利润、共担风险。OPPO会向代理商输送经验，帮助其梳理经营策略，提供店面装潢方案、流动资金等支持。传音为重点国家和地区的经销商数字化升级和改造提供支持，帮助经销商不断下沉，推动销售网络从当地一、二线区域逐步向三、四线区域覆盖。通过销售人员驻场指导、统一宣传等方式，协助经销商进行产品终端销售。

**建立规则，避免渠道冲突**

理想状态是所有渠道伙伴都能充分理解和接受自己的角色分工，通力合作，实现渠道销售的整体目标。然而，由于受竞争压力和追逐利益的影响，渠道伙伴很少能做到这样，结果在市场销售中会引发一系列渠道冲突。长期严重的冲突会破坏渠道效率，对整个渠道体系产生伤害。

中国出海企业要建立规则，比如制定价格政策、区域保护政策，实行渠道伙伴分级管理等，以避免海外渠道冲突。OPPO对产品进行统一定价，严格要求海外代理商按标准定价出售，既不高卖，也不贱卖，以确保长期利益和渠道体系的健康发展。同时，OPPO也建立了比较严格的惩罚制度，代理商如果不按照统一零售价定价，就会被罚款。

传音对渠道伙伴进行分级管理，明确各级渠道伙伴的角色和职责，合理划分市场区域和客户群体，从而有效避免渠道伙伴的直接竞争和冲突。传音在非洲建立了三级经销商体系。其中，一级经销商属于国代，负责换汇和建设仓储物流中心；二级经销商为省代，主要负责批发；三级经销商是以夫妻店为代表的终端门店，同时兼有直营店体系，主要负责零售。每级经销商承担不同的任务、获取各自的利润，在有效避免冲突的同时，还能形成良好的协同效应。

蜜雪冰城设定了区域保护政策，确保特定区域内的渠道伙伴数量，避免渠道伙伴之间进行恶性竞争。蜜雪冰城综合评估海外目标市场情况和意向商圈的繁华程度、人流量、消费水平等，在加盟合同中承诺海外加盟店之间的最短直线距离，规定在同一区域内开设店铺的数量，以此对加盟商进行区域保护，避免因距离过近而"内斗"。这一举措一开始取得了非常好的效果，然而蜜雪冰城不断调整该举措，比如在越南市场，蜜雪冰城最初确定加盟店间隔为1~2公里，后来调整为500米，2022年又调整为200米。这引发了加盟商的强烈不满，加大了恶性竞争的风险。

## 第四节　建设海外渠道的两条路径

实力较强的企业在出海时可以通过并购或合作等方式，直接获取或利用后者的销售渠道，快速进入目标市场。

## 通过并购获取销售渠道

收购当地企业为中国出海企业获取销售渠道提供了一条快速通道。

海尔通过收购海外企业,顺利进入多个海外市场,建立了较为完善的全球销售体系,市场份额持续提升。2011年,海尔收购了三洋电机在日本的洗衣机和家用冰箱业务,及其在越南、印度尼西亚、菲律宾、马来西亚的洗衣机、家用冰箱和其他家用电器销售业务,直接获取覆盖多个国家广泛的销售渠道;2012年,海尔全面控股新西兰最大家电制造商Fisher & Paykel,获得了其在全球,尤其是欧美市场的销售网络;2016年,海尔收购了GE的家电业务GE Appliances(GEA),获得了GEA在北美市场的销售渠道;2019年,海尔收购意大利家电品牌Candy,获得了Candy在欧洲、中东、亚洲及拉美等地区的多元销售渠道,以及位于欧洲和亚洲的超过45个子公司和代表处,其中还包括2 000多个售后服务中心与6 000余名服务专员。

2017年,人福医药与中信资本合资成立乐福思集团,由乐福思集团以6亿美元收购Ansell旗下的全球两性健康业务,人福医药旗下品牌杰士邦也被整合到乐福思集团。通过收购Ansell,乐福思获得了其在美国、日本、澳大利亚、巴西、泰国等60多个国家运营的18个安全套品牌,直接获取了这些海外品牌原有的经销商渠道与自营渠道。完成收购后,乐福思集团一跃成为全球安全套市场占有率排名第二的企业。

2019年，安踏联合方源资本、Anamered Investments 和腾讯组成合资公司，以46亿欧元完成了对芬兰顶级体育用品集团亚玛芬的收购。亚玛芬旗下拥有始祖鸟、萨洛蒙、威尔胜等多个知名户外运动品牌。通过收购亚玛芬，安踏获得了这些品牌在全球的销售渠道。目前，亚玛芬旗下品牌在北美有2万多个销售网点，在欧洲有近3万个销售网点，这为安踏未来的出海之路提供了有效的渠道支撑。

**与其他企业合作获取销售渠道**

不少中国出海企业选择与当地企业成立合资公司，以此实现渠道共享。

TCL与巴西家电龙头企业SEMP成立合资公司SEMP TCL，利用其渠道销售产品。合资公司成立后，TCL的技术、供应链、生产制造等优势，与SEMP在巴西的8 000多个销售网点和近400个售后服务网点的销售网络充分结合。截至2023年，TCL液晶电视在巴西的市场占有率已达到18.8%，位列第二名。

零跑汽车与Stellantis集团分别以49%和51%的股权比例成立合资公司。这个拥有雪铁龙、标致、Jeep、阿尔法·罗密欧等汽车品牌的集团，在全球130多个国家和地区建有销售网络，尤其在欧美市场具有强大的渠道优势。零跑汽车与

Stellantis集团合作，可以发挥自身在技术和产品上的优势，结合Stellantis集团的全球渠道资源，减少自建销售网络的时间成本和资金成本，快速进入海外市场。零跑汽车创始人朱江明坦言："我们与Stellantis集团的合作更多是利用了它的经营理念'多品牌'，用所有的渠道资源，如金融、保险、服务等成熟网络，在14个品牌中再加一个零跑汽车的品牌，从而快速地抢占市场，在全球得到发展，也为零跑汽车的产品用户提供更好的服务。"

除了成立合资公司，中国出海企业还可以与当地企业探索新的合作方式，拓宽销售渠道。

传音通过与海外市场运营商建立合作关系来拓宽销售渠道。比如在墨西哥，传音与当地移动服务提供商建立合作关系，利用运营商渠道在中美洲销售手机。

一些中国出海企业与当地的中资企业合作，共享销售渠道。比如，德业科技选择中国建材国际德国公司作为拓展海外市场的关键伙伴，通过中国建材集团在海外的渠道优势，将产品推广至海外市场。蜜雪冰城在印度尼西亚发展初期，依靠OPPO和vivo的销售渠道。OPPO与vivo在印度尼西亚深耕多年，经销商体系树大根深。与它们达成合作，是蜜雪冰城在印度尼西亚最成功的一步，为早期渠道扩张打下坚实基础，极大地缩短了蜜雪冰城在印度尼西亚拓宽渠道的时间。

第四章

# 中国企业出海如何打造品牌？

唯有品牌真正扎根于目标市场，中国企业才能在海外成功建立稳固的市场基础，持续拓展海外业务。如何讲好中国品牌故事，在全球消费者心中传递更高的价值感，已经成为每个出海企业都需要认真对待的议题。

在此探索过程中，许多中国出海企业尝试打造并强化自身的品牌形象，收购海外品牌、构建品牌矩阵，并通过多种形式进行品牌宣传。此外，淡化外来品牌形象、塑造本土化品牌形象，也是中国出海企业在海外打造品牌的有效方式。

## 第一节　中国出海企业打造品牌的基本方法

通过研究中国出海企业在海外市场打造品牌的案例，可以发现它们通常通过"点、线、面、体"的方式进行品牌建设。

**点：以爆款产品树立品牌形象。**

综观在海外市场表现突出的中国品牌，无一不是通过爆款产品引爆海外市场、树立品牌形象的。传音在非洲市场创新性推出双卡双待、多卡多待的手机，帮助当地消费者解决了运营商多、信号覆盖差引发的频繁更换 SIM 卡的问题，一举获得市场认可，成为当地的爆款产品，奠定了传音子品牌 TECNO 的形象。华为、大疆等企业面向当地市场推出爆款产品，通过解决消费痛点赢得当地消费者的喜爱并建立品牌的口碑。中国企业在海外打造品牌，首先应专注于打造符合海外市场需求、满足当地消费者期待的高质量爆款产品，为品牌赢得宝贵的曝光机会。

**线：以多元产品提高品牌渗透率。**

在以爆款产品切入当地市场、树立品牌形象之后，企业需要根据海外市场的细分需求推出多元产品，覆盖不同的市场和消费群体，提高品牌的市场渗透率。

vivo 在海外市场不仅提供智能手机，还延伸至智能手表、无线耳机与物联网（IoT）生态产品线，为用户构建围绕移动数字生活的全套方案，并通过摄影、音乐与游戏场景的多元体验，加深品牌在当地年轻消费群体中的影响力；伊利除了在东南亚市场提供传统乳制品，还根据当地人的口味与营养需求，推出高端酸奶、植物基乳制品、功能性饮料、婴幼儿配方奶粉等产品，通过产品线满足不同消费群体的多样需求，这些多元产品相互补充，形成品牌的多角度触点，提高了海外市场的渗透率。

**面：建立多品牌矩阵。**

企业在海外的品牌建设到一定阶段之后，可以考虑以自建或收购的方式建立多品牌矩阵，以不同的品牌定位更好地适应当地细分市场，从而分散海外品牌建设风险。

以传音为例，它相继推出 TECNO、Infinix、itel 三个品牌。其中，TECNO 是传音旗下的中高端品牌，定位于新兴市场中产阶级消费群体；Infinix 是传音旗下的时尚科技品牌，主要针对追求时尚科技的年轻人群；itel 是传音旗下的大众品牌，主打可靠的质量及高性价比路线。在布局不同的海外市场的过程中，传音会根据不同地区的消费水平和消费者喜好选择主推品牌。除此之外，传音还推出数码配件品牌 oraimo、电器品牌 Syinix、售后服务品牌 Carlcare 以丰富品牌矩阵。

**体：建立立体品牌营销体系。**

有效的品牌营销策略能够直接帮助中国企业在海外市场的发展。出海企业应致力于打造立体化营销体系，将传统营销方式与新兴营销方式相结合，确保优质产品通过多渠道、多角度的营销活动触达海外消费者，从而提升企业在海外市场的品牌影响力和市场份额。

## 第二节　海外市场品牌传播的七种方式

中国企业在海外打造品牌时，都会面临品牌传播的问题。在此过程中，中国企业既可以采取传统的营销传播方式，也可以利用新兴的媒介传播途径。传统的营销传播方式可以归纳为四种：线下高曝光、线下体验、明星营销和赛事营销；新兴的媒介传播途径则概括为三种：社媒营销、联名营销和社群营销。

### 传统的营销传播方式

#### 线下高曝光，尤其适合新兴市场

高曝光是提升品牌知名度最直接的手段，能够在短时间内将品牌信息快速且广泛地传递给当地消费者，这种传播方式尤其适合新兴市场。

传音在非洲、东南亚等新兴市场，通过刷墙、贴海报等方式进行品牌传播，让线下广告遍布城市和乡间的建筑上。传音的大规模"刷墙"方式，甚至一度使油漆生产成为非洲最热门的行业。不仅如此，传音还巧妙地通过线下曝光将品牌融入当地居民的日常生活，通过定制日历这一实用的生活用品，实现了高频率的品牌曝光，进一步提高品牌在当地市场的知名度。

与之类似，OPPO 借助统一的门店形象增加其在东南亚市场的曝光度。无论是街边小店还是卖场，只要是 OPPO 的终端门店，都配以统一的绿色 logo，让当地消费者无论是在街上行走还是在卖场购物，都能够醒目地看到 OPPO 的宣传，加深对 OPPO 的品牌印象。比亚迪与柬埔寨广告巨头 IAAC 公司合作，大力铺设线下广告投放渠道，将产品广告投放在金边国际机场出发区域和抵达区域的 23 个高清屏幕上，让金边国际机场的旅客都能看到比亚迪的广告，不断强化其品牌知名度。

听觉传播同样是一种极具效果的线下高曝光宣传手段，在这方面，蜜雪冰城为中国出海企业提供了新的思路。蜜雪冰城将它在国内大获成功的"雪王"玩偶搭配"洗脑"宣传曲的传播模式搬到海外，将该宣传曲翻译成 20 种语言，在 14 个国家和地区投放。该宣传曲和"雪王"形象被广泛传播，在海外市场为蜜雪冰城带来了非常高的关注度。

**线下体验，增强品牌认知**

线下体验店和线下活动在增强品牌认知方面扮演着至关重要的角色，为当地消费者提供了直接接触和了解品牌及产品的机会，让他们可以直观地感受品牌及产品的魅力，从而提升品牌在海外市场的认知度。

追觅科技相关负责人表示，当地消费者在品牌线下旗舰店的体验，很大程度上决定了他们对品牌的认知，这是零售商仅凭单一的销售位置所难以支撑的。为此，追觅科技借助线下体验店，为消费者提供了体验产品功能、了解品牌魅力的空间。以美国洛杉矶西田世纪城购物中心体验店为例，该店陈列了扫地机器人、智能洗地机和无线吸尘器等产品，消费者可以亲自体验产品的使用效果，并在销售人员的帮助下了解产品性能。

线下体验为当地消费者提供了一个互动交流的平台，使他们在参与和交流过程中更加深入地了解品牌，由此成为提升品牌认知的有效手段。

中国智能眼镜品牌 XREAL 通过线下活动打动英国本土消费者。XREAL 借助伦敦电影节，选取最具英国文化标志性的双层巴士作为活动载体，将巴士内部打造为移动影院，在每个座位上都配备了 XREAL 眼镜，并邀请当地消费者上车观看"移动电影"。活动巴士以电影节的 Southbank 电影院为起点，途经大英博物馆、莱斯特广场、特拉法尔加广场、大本钟、伦敦眼等热门景点，让消费者亲身感受到 XREAL 眼镜在显示、防抖等方面的技术领先性，增强消费者体验，让其产品和品牌深入英国消费者脑海。

**明星营销，匹配不同市场**

邀请本土明星进行宣传或代言，是出海企业在当地市场打开品牌知名度常用的策略。为了实现明星营销效果的最大化，出海企业需要根据不同市场的文化特性、不同消费群体的偏好，选择与之相匹配的明星，进行差异化明星营销。

例如，在日本，棒球运动深受民众喜爱，莉莉丝选择棒球明星作为其在日本市场的代言人；在韩国，娱乐明星对消费者更有吸引力，莉莉丝邀请流行歌手 Zico、演员河正宇作为其在韩国的推广人；在东南亚，娱乐明星同样具有号召力，小米曾邀请泰国歌手 BamBam 作为其代言人。

即使是同一个市场，不同消费群体的偏好也各不相同，因此中国出海企业在进行营销时，要选择与之匹配的明星代言。比如，青岛啤酒在美国拓展市场时，针对高端餐饮爱好者，邀请美国知名厨师、餐饮评论家大卫·张拍摄品牌短片，将青岛啤酒与高端美食体验相结合；在面向大学生及年轻职场群体时，选择与美国网络红人组合 The Try Guys 合作，通过轻松娱乐的挑战视频，在社交媒体上传递青岛啤酒青春朝气的品牌形象。

需要重视的是，中国出海企业在海外市场进行明星营销时，不仅要考虑明星与品牌的匹配度，还要审视自身的"就绪性"，即能否有效承接明星营销带来的流量，并将其转化为实际的销售成果。如果无法承接流量带来的大量订单，导致交付延迟或出现质量问题，则很容易使品牌的声量和口碑急转直下，造成难以挽回的损失。

**赛事营销，提高品牌影响力**

体育赛事往往与健康、活力、开放、合作和竞争等积极形象紧密相连，此外，体育赛事可以跨越国家、种族，相较于文化活动更容易把握。体育赛事，尤其是国际性的体育赛事，以其广泛的受众基础以及全球关注度，成为企业提升品牌影响力的有力平台，有助于中国出海企业在海外提升品牌形象、传递品牌价值观，并进一步扩大品牌影响力。

　　海信集团总裁于芝涛将海信的出海成绩归纳为"六个坚持"，其中就包括"坚持长线布局体育赛事营销，撬动全球品牌影响力"。他表示，"从 2008 年开始至今，通过对体育赛事营销 16 年的坚持，海信走出了一条通过体育赛事营销撬动知名度、建设自主品牌的全球化之路，海信已经成为中国企业体育赛事营销当之无愧的'头号玩家'"。通过赞助体育赛事，海信逐步在海外市场建立起品牌影响力。一个明显的表现是，此前海信进入海外线下零售渠道非常难，但通过体育赛事打出品牌影响力后，海信在进入线下零售渠道时拥有更大的主动权。2016 年，海信在赞助欧洲杯后，成功入驻法国知名家电连锁电商平台 Darty。时任海信法国公司总经理贺洪博表示："通过赞助欧洲杯，我们终于走进了 Darty 这个法国最大渠道的 CEO 舒尔茨先生的办公室，这一步，我们走了很多年。"

　　晶科能源在出海过程中也善于利用体育赛事营销提升品牌影响力。2024 年 6 月 12 日，晶科能源宣布与曼城足球俱乐部建立全球合作伙伴关系，成为曼城足球俱乐部官方光伏合作伙伴，意在加速提升其在欧洲乃至全球的品牌知名度。在此之前，2011 年，晶科能源成为德国国家足球队广告合作伙伴，2012 年成为西班牙足球甲级联赛（西甲）主赞助商，2015 年与 NBA 金州勇士队签署两年赞助合作协议。晶科能源副总裁钱晶曾表示："永不言败、敢闯敢拼的'勇士'精神，最好地诠释了晶科能源在跌宕起伏中一路走来的企业精神。"

TCL 以体育赛事营销为品牌出海的突破口，连续 30 年布局全球顶级体育赛事，在足球、篮球、橄榄球、电子竞技等多个领域加速渗透全球市场。秉持"当地用户爱什么运动，就支持什么运动"的营销策略，TCL 不断加深品牌在当地市场的影响力，让各国消费者只要看到该项运动就能联想到 TCL。例如，TCL 赞助了北美四大职业体育运动联盟之一的美国职业橄榄球大联盟（NFL），NFL 每年吸引北美乃至全球超过 1 亿名观众观看。2024 年 TCL 携手 NFL 点亮了美国拉斯维加斯超级地标 MSG Sphere 巨型球，将其变为带有 TCL 标识的橄榄球头盔，吸引了大量粉丝和消费者的关注，让当地消费者一看到 MSG Sphere 和橄榄球赛事就能想到 TCL。2013 年，TCL 签约英超豪门阿森纳足球俱乐部，赞助了西班牙、意大利、德国的国家男子足球队，使得 TCL 与欧洲的足球文化紧密相连，加深其在欧洲地区的品牌影响力。2021 年，TCL 通过赞助英雄联盟职业联赛（LPL），精准链接 Z 世代，扩大其在 Z 世代消费者中的品牌影响力。

事实上，中国出海企业在体育赛事赞助方面的实践数不胜数。万达、vivo、海信、蒙牛等中国企业组团赞助 2022 年卡塔尔世界杯；海信、比亚迪、vivo、蚂蚁集团等中国企业纷纷赞助 2024 年的欧洲杯；阿里巴巴、蒙牛等成为巴黎奥运会全球合作伙伴，安踏、李宁、九牧王、盼盼食品等品牌成为中国体育代表团的赞助商，与奥运健儿一同出现在国际赛场。

然而，我们必须指出赛事营销也有一定的风险。钱晶曾无奈感叹，"赞助不可能立竿见影。钱投进水里，有多少水花能溅到脸上，这是没办法估算的"。赛事营销投资规模巨大、风险较高、效果难以量化，有时可能会面临投入与产出不匹配的情况，企业在进行赛事营销时需要格外慎重。

## 新兴的媒介传播途径

除了上述几种传统的品牌传播方式，一些新兴的传播方式也为中国企业在海外市场打造品牌提供了更多选择。中国出海企业可以通过社交媒体打开品牌知名度；巧用联名营销借势造势，塑造品牌联想度；还可以通过社群营销，逐步培养海外市场消费者对品牌的忠诚度。

**社媒营销，打开品牌知名度**

中国出海企业通过社交媒体进行品牌传播的案例屡见不鲜。这些企业巧妙地利用社交媒体上的红人，将品牌与全球用户建立联系，打开品牌知名度。社交媒体平台具有"病毒式"传播的特性，一旦平台上与品牌相关的内容引起共鸣与关注，其他用户就会自发地分享和转发，品牌知名度得以快速、广泛地传播。

小米通过Facebook、Twitter和Instagram与用户频繁互动，建立起庞大的海外粉丝队伍；名创优品通过与当地网络红人合作，在社交媒体上发布有趣的产品信息，吸引更多潜在消费者；大疆创新与摄影师和视频创作者合作，在YouTube上发布高质量的产品演示和用户拍摄视频，展示其产品的强大功能，逐渐建立起大疆品牌在全球市场的影响力。

SHEIN的创始人许仰天有搜索引擎优化（SEO）方面的经验，这使他格外关注线上流量和营销投放效率，SHEIN也因此借助社交媒体以及网络红人与消费者建立联系，广泛进行线上营销。2010年起，SHEIN开始在Facebook、YouTube、Instagram、TikTok等海外社交平台上寻找网络红人，用免费提供衣服或商业合作的方式换取网络红人的推广流量以促成销售转化。当时海外网络红人营销还处于一片蓝海，营销成本很低，有时候品牌方只需要寄送一些样品，就可以获得免费推广。2011年，SHEIN成为第一批利用Facebook进行红人营销的公司，时任SHEIN移动总经理的裴旸曾表示，"2011年，SHEIN 100%的流量来自网红"。2013年，SHEIN又成为Pinterest平台的首批用户，Pinterest成为当年SHEIN流量的最大来源。2018年，SHEIN首次与TikTok进行合作，冠名了"1 Million Audition"活动，成为TikTok的第一批合作方。SHEIN利用TikTok红人进行了激进的营销：无论红人知名度和粉丝数如何，只要有账号就能参与推广；一旦推广成功，每单就能拿到10%~20%的佣金；每个人的视频都有可能被转发到SHEIN的官方账号并获得流量支持。在近乎"疯狂"的推广模式下，SHEIN的品牌声量、用户数和销量节节攀升。如今，SHEIN仍然注重与网络红人的合作。数据显示，2021年SHEIN在Instagram上相关标签的帖文已达到305万条，互动帖更是高达6 267万条，在Meta上的互动帖文超过245万条。截至2023年11月，SHEIN在TikTok上相关标签的浏览量约为700亿次。在高流量、高曝光的社媒营销策略下，SHEIN不断扩张，成为美国领先的在线时尚零售商。

**联名营销，塑造品牌联想度**

联名营销能够有效提升消费者对品牌的联想度，中国企业在出海过程中越来越意识到联名营销的重要性，品牌联名成为出海企业屡试不爽的营销策略。

具有强IP运营能力的企业，在这方面有得天独厚的优势。泡泡玛特在IP联名营销方面展现了极高的战略眼光。通过与迪士尼、环球影业、华纳、三丽鸥、NBA等全球知名IP的合作，泡泡玛特成功吸引了不同领域的大量消费者，提升了品牌联想度。此外，泡泡玛特还通过与盟可睐、优衣库、雷朋、科颜氏、可口可乐等来自不同行业的全球知名品牌联名，实现了多品牌用户间的营销破圈，进一步提升了海外市场的影响力。

在联名品牌的选择上，价值观与目标群体相匹配的联名往往能设计出更有亮点的产品，并取得更好的成绩。我国美妆品牌在海外市场大多选择艺术场所或博物馆，进行联名产品开发与推广。比如，ZEESEA 滋色与大英博物馆、毕加索家族、英国国家美术馆等合作推出的新品，增添了国际化属性并向海外消费者展现出富有艺术感的高端品牌形象。INTO YOU 与艺术、文化和潮流 IP 跨界合作，与马利画材、Traveling Muzeum 移动博物馆等联名，将品牌形象与艺术和文化深度绑定。

除了与海外品牌联名，中国出海品牌之间的联名也可以产生很好的品牌营销效果。

厦门俊亿自 2014 年推出自主品牌 Baleaf 起就瞄准国际市场，并在瑜伽产品类目崭露头角，成为亚马逊"Best Seller"榜单的常胜将军。这一成绩离不开其与中国出海羽绒服品牌 Orolay、中国出海太阳镜品牌 SojoS 等联名的营销策略。以与 Orolay 联名为例，基于亚马逊的调研数据，两个品牌观察到彼此的客户群体都是 30 岁以上的女性，她们普遍追求品质生活，青睐舒适自由的品牌理念及多场景穿搭；两个品牌的理念相近，都希望通过产品向消费者传递积极向上、舒适自由的品牌形象。基于此，双方一拍即合，推出"Weekend Chic"的全新概念，为海外消费者的周末生活提供舒适、时尚、实用的穿搭选择，让她们可以自由穿梭在瑜伽、街头运动、户外聚会等不同的生活场景中，在享受闲适悦己生活的同时表达个性，从而实现用户破圈。

借助此次联名营销，Baleaf 向消费者传递了品牌的穿搭理念，赋予产品更多的使用场景，扩大了品牌影响力。Baleaf 的首席营销官凯瑟琳表示："此次合作传递了运动休闲生活方式的穿搭理念。"联名期间，Baleaf 在亚马逊的品牌搜索量增长 140%，全网搜索量增长近 6 倍，店铺首页的流转率近 80%，店铺新客率同比增长超过 60%，双方共同创造了数千万美元的销售额。

**社群营销，培养品牌忠诚度**

社群营销是增强品牌忠诚度、与当地消费者建立深层次情感连接的有效策略。借助社群营销，中国出海品牌能够与当地消费者直接沟通、互动，将"志同道合"的消费者聚集在一起，以更加融入消费者生活的方式展现品牌的价值，逐渐在海外市场建立品牌忠诚度。

蔚来致力于通过社群营销连接本土用户。创始人李斌曾公开表示："从创立之初，我们就希望构建一个以车为起点，让全球用户都能分享欢乐、共同成长的社区。"与国内用户相同，海外用户在购车后同样可以进入蔚来社区，在社区中与品牌互动、分享各自的生活体验。蔚来还会定期举办社群活动，不断提高当地消费者对蔚来品牌的忠诚度。例如，位于挪威奥斯陆的蔚来用户中心 NIO House 开业一周年当天，公司邀请当地 160 多名车友参加庆祝活动。在活动结束后，大家迟迟没有散去，在街头一起尽情地唱歌跳舞。李斌表示：

"那一刻，我完全被大家的情绪感染，跳起了比我的英语水平还要蹩脚的街舞。尽管我们来自不同的国家，有着不同的文化背景，但相互之间真诚、关爱、尊重、包容，这是我们共同的语言。"

长城汽车在泰国市场的实践，堪称社群营销的范例。长城汽车深知要在当地市场取得成功，必须深入了解并尊重当地的文化和消费者偏好。泰国是一个信仰佛教的国家，人们注重情感的连接和精神上的满足，而不是单纯的商业利益。因此，长城汽车选择采取本土化的社群营销策略。通过组织各类主题活动，如环保公益、森林生态探秘、女性平权等传递品牌价值，与消费者建立情感联系。2023 年，长城汽车在泰国开展了近 300 场消费者活动，累计有 3 万名粉丝与车主参与，有效地提升了长城汽车在泰国市场中的品牌忠诚度，为其他出海企业提供了借鉴。

泡泡玛特借助国际版 App 构建线上海外消费者社群。在美国市场，它上线了一款包含 POP MART 社区功能的美国版 App "POP MART Global"，当地消费者不仅可以直接在 App 上购买泡泡玛特的产品，还可以在社区分享自己收藏的潮流玩具以及背后的故事，增强与品牌的互动。这样，泡泡玛特不仅成为产品的提供者，更成为连接消费者情感与兴趣的桥梁。对此，泡泡玛特负责人表示，"我们希望能够为粉丝打造一个集社交、购物、品牌体验于一体的潮玩爱好者聚集平台，连接潮流玩具艺术家和收藏者，将潮流玩具文化推向全球"。

为了进一步加强品牌与消费者之间的互动，泡泡玛特也会通过邀请社群成员参与 IP 签售、展会等线下活动，进一步拉近消费者与品牌之间的距离，从而增强消费者黏性。

## 第三节 收购海外品牌，建立品牌矩阵

  不同国家和地区的消费者对品牌的认知和审美偏好各不相同，需要用不同的品牌进行覆盖。此外，海外市场竞争复杂，单一品牌存在一定的经营风险，因此一些企业需要采用多品牌出海策略。每个品牌都会被塑造出独特的形象，深耕某一个细分市场，建立起强大的品牌壁垒。同时，多品牌策略有助于出海企业分散风险，即使某一品牌在海外市场遭遇挑战，其他品牌仍能稳健运营。

  为加快进程，一些企业通过收购的方式建立多品牌矩阵。相较于自建品牌，收购品牌能够直接获取市场份额、渠道资源和技术专利等，快速切入目标市场，大大缩短多品牌布局的进程。同时，基于被收购品牌的形象和消费者基础，出海企业还能够拉近与消费者之间的距离，在一定程度上规避因文化、语言等差异引起的品牌隔阂。例如，人福医药通过收购 SKYN、Manix、Unimil、Blowtex 等多个海外品牌，深耕海外市场；美的、海尔、海信等家电行业通过收购海外品牌

构建多品牌矩阵，加深海外市场的布局。

海尔在出海过程中并不执着于以自主品牌立足当地市场，而是更多地收购本土品牌，以不同的品牌覆盖不同的市场，更快地拉近与当地消费者之间的关系，从而赢得市场。在美国，尽管2005年海尔就以自主品牌进入市场，但直到2015年，其市场份额仍然较低。2016年海尔收购美国本土品牌GEA，将自身的经营管理经验和GEA的本土品牌优势结合，拓展海尔的整体市场份额。海尔布局东南亚时，已有不少日韩知名品牌在当地市场深耕了几十年，为实现突破，海尔收购了日本三洋电机旗下的AQUA品牌来拓展东南亚市场，较快地获得了市场认可。除此之外，海尔还借助AQUA品牌布局日本市场，借助意大利家电品牌Candy和Hoover深化布局欧洲市场，通过收购新西兰品牌Fisher & Paykel布局新西兰和澳大利亚市场。

在打造多品牌矩阵时，海尔特别注重品牌间的差异化定位。以美国市场为例，GEA专注于厨房家电领域，海尔主品牌则侧重于智能空调、智能洗衣机等智慧家电；在澳大利亚，因Fisher & Paykel的电机技术在洗衣机行业独树一帜，它仍旧深耕洗衣机市场，海尔主品牌的重心则放在除洗衣机以外的其他白色家电产品上。

在多品牌矩阵的差异化布局下，海尔在不同国家和地区都有贴近消费者的品牌，从而建立了更强的市场竞争力。在北美市场，2023年海尔智家营收达到797.5亿元，GEA稳居北美市场首位；在新西兰市场，Fisher & Paykel 稳居白色家电市场第一名；在欧洲市场，基于 Candy、Hoover 和主品牌"Haier"的协同，海尔成为过去 8 年增速最快的品牌。

2015 年海信收购了已在美洲市场深耕多年的日本电视机品牌夏普的业务，2017 年收购日本东芝电视业务并获得其全球范围内 40 年的品牌使用权，2018 年收购欧洲高端时尚家电品牌 Gorenje、ASKO。

需要注意的是，通过收购获取海外品牌之后，要想真正发挥其作用，还需要做好品牌整合，对其进行升级和赋能。海尔在收购 GEA、Candy、Fisher & Paykel 等品牌后，致力于利用自身资源赋能被收购品牌在当地市场的发展。以 GEA 为例，海尔将"人单合一"模式引入 GEA，对 GEA 进行组织变革，打破原有的科层制组织形式，重组多个直面市场的小团队，并进一步下放权力，赋予每个团队经营和用人权限，充分调动了当地员工的积极性和潜能。在"新"管理模式下，GEA 迅速成长，成为美国第一大家电公司。

携程在出海过程中收购了英国天巡（Skyscanner）、荷兰 Travix、英国 Travelfusion 等海外品牌，并不断利用自身资源赋能这些品牌在当地市场的发展。以英国天巡为例，收购完成后，携程为其提供先进的技术支持，帮助天巡进一步优化搜索引擎，提高产品的搜索效率和准确性，以提升消费者的使用体验。同时，携程还整合了自身的酒店、机票、租车等旅游资源，进一步提高了天巡的产品丰富度。在携程的帮助下，天巡被收购后首年业绩大幅增长,营业收入达到 2.142 亿英镑,同比增长 35%;税前利润超过 2 400 万英镑,同比增长 41%。

## 第四节　淡化外来品牌形象

一般来说,相较于某个国家或地区的品牌,消费者往往对国际化品牌抱有更高的信任度和接受度。中国出海企业在海外市场打造品牌时,可以直接创立新品牌,也可以收购当地品牌,为品牌融入多元文化元素,打造国际化品牌形象,同时强化当地属性,淡化外来品牌形象,拉近品牌与当地消费者之间的距离。

此前,"Made in China"虽为中国带来了巨大的出口增长和经济收益,却未能使中国品牌在全球市场树立声望,甚至有不少海外消费者对中国品牌"过敏"。加之国际地缘政治复杂多变,中国品牌在国际市场的处境变得更加微妙。出于品牌发展需要,一些中国企业在海外市场选择树立更加国际化的品牌形象,淡化外来品牌形象。

中国企业如果选择收购国外品牌,那么就要继续保持其国际化或本土化调性,避免不恰当的改造;如果选择在海外市场建立新品牌,那么就要立足本土化市场运营、寻找本土员工和合作伙伴、融入本土多元文化,以突出国际化品牌形象。

中国企业在海外新建品牌时，要特别注意立足本土市场进行定位、传播和运营。一些企业甚至会采取更为直接的策略，在海外市场寻找当地合作伙伴代持新品牌。传音在非洲市场推出 TECNO、itel、Infinix 等新品牌，无论是品牌名称，还是营销宣传方式，都采取国际化、本土化的方法，很难让当地消费者直接联想到这是来自中国的品牌。Cupshe（女性泳装中资品牌）、Baleaf、Orolay、SojoS 等中国企业在海外新建的品牌深受消费者的喜爱，销量位于海外电商平台榜单前列，成为细分领域的领头羊。

中国企业在海外打造新品牌时，要融入多元化和本土化元素。在传音公司的官网上，无论是企业介绍，还是产品说明，都会采用多族裔模特的照片，让消费者感受到品牌的多元文化背景，以此来强化其国际化品牌形象。同时，传音在发布会和线下活动中会尽量安排当地高管主持，以此拉近与当地消费者之间的距离，并且邀请多族裔嘉宾参加。米哈游以海外市场为主开展业务，在塑造游戏品牌形象时会融入多个国家和地区的文化元素，向玩家传递多元化、国际化的品牌形象。

本土化的人才队伍在一定程度上能够帮助中国出海企业淡化外来品牌的形象。中国企业在海外打造新品牌时，还需要雇用本土化团队或员工，发挥他们熟悉当地市场的优势。

海信一直将本土化人才视为海信出海的立身之本。海信集团副总裁林澜曾表示："一定要用好本地人才，不能全靠外派。再出色的人才，由于受文化和语言限制，要想做好当地市场也很难。"基于此，海信的海外营销主力基本是本地人才，且半数以上曾在三星、LG、惠而浦、伊莱克斯等大型家电公司工作过。除了聘用有营销经验的员工，海信也会招募本土的"新手"员工，将其培养为既懂市场需求又懂海信产品及文化的国际营销人才。目前，海信营销人才本地化率大幅提升，外籍员工占比超过80%，为海信的本土化运营提供了有力的支持。

第五章

# 中国企业出海如何打造供应链?

TCL创始人李东生表示："必须改变中国制造业的全球化模式——从输出产品更多转向输出工业能力。"他还指出,"在当前形势下,全球化即本土化。在目标市场建立供应链和产业链,是对抗逆全球化的有效方式"。《华为成长之路》中写道,全球化不只是简单地去国外赚别人的钱,"而是要在当地建立自己的产业基地"。

　　因此,打造敏捷高效、稳定安全的供应链对中国出海企业来说至关重要,出海企业不仅要考虑在目标国家建立本土化供应链,还要注重在全球范围内整合供应链。在此过程中,中国出海企业在积极带动供应链上下游企业"抱团"出海的同时,还要注重与当地伙伴共建供应链生态。

# 第一节　积极建立本土化供应链

逆全球化下的贸易壁垒、目标市场的要求以及企业自身在海外经营管理的需要，使得供应链本土化成为中国出海企业的必答题。

**建立本土化供应链的意义**

首先，建立本土化供应链能够帮助企业应对贸易壁垒。2018年，美国对中国出口产品加征关税，如对电视（2018年的加税清单将电视产品移除后，又在2019年将其加回）、空调加征10%的关税，2019年更是将额外关税提升至25%，导致中国出口产品价格竞争力大幅下降，TCL北美市场的业务因此受到较大冲击。为突破关税壁垒，TCL重新规划海外生产基地。2018年，TCL扩建墨西哥工厂的物料仓库及三条大尺寸线体；2019年，TCL在墨西哥建设第二工厂，建立起整机及模组供应能力。根据《北美自由贸易协定》，墨西哥生产的彩电产品可直接免税进入美国市场，随着海外生产基地和供应链的调整，TCL出口美国的彩电所受关税壁垒的影响逐步降低了。

同样，我国隆基绿能、晶科能源等光伏企业，比亚迪、长城汽车等新能源汽车企业，宁德时代、亿纬锂能等新能源电池企业也纷纷到北美、欧洲等地建厂，以突破贸易壁垒。

其次，建立本土化供应链是目标市场国家的要求。为了保护并发展本地产业、促进本地就业，很多国家要求中国出海企业建立本土化供应链。印度对外资零售企业在当地的供应链布局提出了较为严格的条件，要求其占总价值30%的产品或生产材料应当在印度本地采购，以及在加工、制造、分配、设计、质控、包装、物流、储运、销售网点等环节进行投资。

最后，从长远来看，建立本土化供应链也是企业竞争的需要。中国企业在海外建立本土化供应链，能够降低供应链成本、提高供应链效率，从而提升盈利空间。比如，为解决东南亚市场原材料供应与配送难题，越来越多新的茶饮品牌开始打造本土化供应链，为缩短供应链配送周期，2023年蜜雪冰城冰激凌脆筒的供应商哥润在印尼建厂，以此支撑东南亚两万家门店。

泡泡玛特的产品主要由广东东莞的代工厂生产。为了解决东南亚市场的成本问题，2024年泡泡玛特开始尝试与越南的两家头部工厂合作，目前生产完成了第一批产品。对此，泡泡玛特国际业务总裁文德一表示："如果某一天，泡泡玛特海外业务的体量达到一定规模，那么面对高昂的成本，我们不得不做一些准备，并找到应对的方法。"名创优品也非常注重供应链的本土化，它有三四成的产品来自印尼本土供应链，从而缩短了产品上架的周期。名创优品在北美建立了两个本地仓，用于囤积小件高货值商品，减少了配送时间，提高了响应速度。

## 建立本土化供应链的两个维度

供应链本土化是中国出海企业面临的重要议题，中国出海企业应从两个维度考虑建立本土化供应链：一是供应链纵向本土化，提升供应链在当地市场的完整度，提高供应链效率；二是供应链横向本土化，提升供应链在当地市场的丰富度，保证供应链安全。

**纵向本土化，提升供应链完整度。**纵向本土化，即沿着供应链上下游，实现覆盖研发、设计、采购、生产、销售、物流、售后服务等多个环节的本土化。供应链纵向本土化可以有效提升出海企业在目标市场的供应链完整度，减少各环节的衔接时间与成本，提高供应链效率。

TCL 在欧洲市场的发展，离不开本土化供应链的纵向延伸。TCL 立足波兰，相继打造生产工厂、物流中心等多个供应链重要环节，显著提高供应链效率。TCL 波兰工厂如今生产电视机的单班年产量达 139 万台，三班最高年产量可达 420 万台。工厂位于波兰的交通枢纽，电视机下线后仅一天就能到达法兰克福和巴黎，三天就能到达欧洲全境，送到欧洲客户手上。

2018 年格林美决定到印度尼西亚发展，投资建设格林美印尼青美邦园区。2022 年格林美印尼青美邦红土镍矿湿法冶金制造新能源原料项目一期工程产线开通，完成全球第一例由中国企业自主设计、自主建设、自主运行的低品位红土镍矿高压浸出湿法项目。格林美的印尼项目不仅涉及镍矿资源的开采和加工，还延伸至下游的正极和前驱体工厂，格林美与韩国ECOPRO公司在印尼合作建设"镍资源—前驱体—正极材料"全产业链条，与淡水河谷印尼公司合作建造镍资源高压酸浸绿色冶炼厂及其配套基础设施等，这些纵深的供应链使格林美取得了良好的出海经营效果。

**横向本土化，提升供应链丰富度。**横向本土化发展是指拓展供应链宽度，增加同属于一个环节的本土供应商或合作伙伴的多样性，避免过于依赖单一供应商或合作伙伴，提高供应链的灵活性和抗风险能力。

SHEIN非常注重供应链横向本土化布局。SHEIN与巴西12个州、330家供应商和物流服务商签署了合作伙伴关系，在土耳其有1 000多家供应商。通过这些举措，SHEIN希望实现供应商的多元化，减少在当地对单一供应商的依赖。

小米印度工厂与多个供应商、代工厂合作，提升供应链丰富度。以制造环节为例，小米不仅与富士康和伟创力合作，在泰米尔纳德邦和安得拉邦建设了3家工厂，还与印度本土电子制造商Optiemus Electronics合作生产颈挂式蓝牙耳机产品，并与Dixon Technologies合作增强组件生态系统，在印度市场制造和出售智能手机产品。为了避免供应链中断风险，小米在印度增加了比亚迪、DBG和Radiant 3个合作伙伴，这些合作伙伴在印度建厂为小米生产产品，比亚迪和DBG的工厂建立了小米手机生产线，Radiant则为小米生产智能电视。

## 第二节　建立全球化供应链的 SMART 原则

建立本土化供应链只是中国出海企业的第一步，随着出海步伐加快，中国企业会进入全球多个国家和地区，如何在全球范围内整合供应链，平衡供应链效率与安全稳定性，是中国出海企业面临的挑战。

我们经过对多个中国企业出海案例的深入研究，提出了建立全球化供应链的 SMART 原则，即在全球范围内建立统一的供应链标准（Standard）、对全球供应链进行多元化布局（Multiple Layouts）、整合协同（Alignment）全球供应链资源、做好全球供应链风险管理与应对（Risk Management），以及技术赋能（Tech-Empowerment）全球供应链管理（见图 5-1）。

图 5-1　建立全球化供应链的 SMART 原则

## 全球统一的供应链标准（Standard）

标准统一对于中国出海企业建立全球化供应链至关重要。统一的标准能够有效简化供应链流程，提高信息传递效率，显著提升出海企业全球供应链各环节之间的协同效率和配合度，进而提升整个供应链体系的运作效率。

联想集团收购了 IBM 的 PC 业务、x86 服务器业务，这些企业的供应链流程、IT 系统等与联想不同，导致供应链存在诸多问题：供应链的整体容量与企业的业务目标不匹配；供应链团队的绩效考核指标多达 150 项，面对特殊产品的订单时，产品生产会出现内部延误；配送交付环节也经常出现明显延误，准时交付率仅为 25%，远远低于戴尔和惠普的80%~90%。

联想集团将供应链的管理权限进行归集，对零部件采购、生产制造、包装、质量、销售渠道、物流等环节进行整合，统一标准后形成一个全球供应链系统，从而实现供应链标准化，提高了运营效率。通过这一方式，生产效率较并购之初得到了显著提高。2010 年，联想进入 Gartner 全球供应链 50 强榜单；2024 年，在 Gartner 全球供应链 25 强榜单中，联想排名第 10 位。

## 多元化布局（Multiple Layouts）

随着全球不确定性事件频发，越来越多的企业意识到，供应链过于集中或过于单一会面临较大的中断风险。对于正在出海的中国企业来说，应考虑在研发、采购、生产、物流等关键环节进行多元化、分散化布局，以确保供应链的安全和高效。

联想集团在收购 IBM 的 PC 业务之前，从研发、采购、生产制造到销售的整个供应链几乎全部建在国内。随着收购完成和国际业务的拓展，联想供应链从国内拓展到全球。从研发环节来看，联想最初的研发中心都在国内，后来逐步拓展到全球，形成了具有较强学习和成长能力的北京研发中心、具有精致产品设计优势的日本大和研发中心、具有优秀架构工程师优势的美国罗利研发中心，由此构成"研发三角"；随着对全球市场的拓展，联想又将"研发三角"扩散至德国法兰克福、巴西雅瓜里乌纳、美国硅谷、日本横滨等地，完成全球 18 个研发基地的布局。从生产制造环节来看，联想采取混合制造的策略，以自有制造为主，同时依靠全球性的原厂委托制造（OEM）和原厂委托设计（ODM），与代工厂合作成立相应的子公司并建立专属工厂。联想的大部分工厂建在国内，但也在日本、美国、墨西哥、巴西、印度等地建立了本土化工厂。

海信在出海过程中同样对研发、采购、生产、物流等供应链关键环节实施多元化布局。海信在全球拥有 26 个研发机构，其中有 16 个分布在海外，为海信的国际化产品研发和技术创新提供了重要支持。在采购环节，海信不过度依赖单一供应商，而是在全球范围内多渠道采购。仅面板供应商就包括京东方（BOE）、发达光电（AUO）、惠科（HKC）和群创光电（INX）等企业，多元化的采购源保障了采购的及时性和稳定性，提升了海信供应链的安全性。在生产环节，海信在全球多个国家和地区设立了34个工业园区和生产基地，有的是海信收购的企业，如Gorenje、东芝电视、日本三电控股、夏普等，有的则是海信自己设立的。这种多元化的生产布局在帮助海信降低运费与关税的同时，也减少了地缘政治冲突、疫情等外部环境不确定性带来的负面影响。在物流环节，一方面，海信自有的物流公司在全球提供仓储、配送、快递、供应链管理等物流服务；另一方面，海信与多元化的物流公司合作，除了国内物流公司，还有海外的物流公司，以此适应不同国家和地区的物流需求，做到"最后一公里"的物流配送。通过在全球布局多元化的物流体系，海信能够将产品高效、安全地送往全球消费者手中。

## 整合协同（Alignment）

中国出海企业要想长期取得成功的海外经营，就要真正做到整合全球供应链，协同全球供应链资源优势，实现成本最优、效率最高的全球供应链配置。

海信北美彩电业务供应链整合了美国的技术优势、墨西哥的劳动力与低关税优势以及中国的供应商优势。对于一些处于出海初期的中国企业来说，一般可以从采购环节开始进行全球布局，以优化海外供应链效率。

名创优品在采购环节整合了全球多个国家和地区的1 400多家优质供应商，构成全球采购体系，形成供应链协同。除了国内供应商，名创优品还在海外寻找优势品类的供应商，如韩国的彩妆品类、越南的玩具品类、印度的纺织品类、欧洲的护肤美妆品类、北美的玩具与零食品类等，与300多家海外供应商建立了长期稳定的合作关系。与之类似，蜜雪冰城在积极拓展海外市场的过程中，建立了覆盖全球6大洲、35个国家的采购网络，中国的柠檬、澳大利亚和新西兰的奶粉、越南的百香果、印尼的芒果和奇异果……来自全球优质产地的原材料，为蜜雪冰城开设的超过3.6万家门店提供了可靠的支持和保障。

## 风险管理与应对（Risk Management）

《"世界工厂"的供应链挑战与应对——2024年中国首席供应链官调查报告》显示，面对错综复杂的国际环境，56.13%的企业尚未制订应急国际供应链解决方案，或者缺乏相关经验；31.17%的企业制订此类解决方案，但不完善；仅有12.7%的企业应急国际供应链解决方案较为完善。

中国出海企业在打造全球化供应链过程中，可以从两个方面进行风险管理与应对，一方面建立完善的风险管理体系，另一方面努力解决全球供应链存在的"卡脖子"问题。

中国企业在出海时，应建立覆盖采购、仓储、物流、生产、研发、销售等全链路的全球供应链风险管理体系，确保供应链高效运行和紧密协作。企业需要梳理海外供应链的风险传导关系，多维评估供应链风险对公司整体经营的影响，从事前预警、事中监控到事后应对，实现对供应链风险的全生命周期管理。企业还需要实现风险监控可视化和系统化，常态化监控重大供应链风险，结合风险报告机制有效防范风险。

联想在全球供应链部门中一直设有一个风险管理团队，对全球供应链各环节进行风险监测与预警，并提出应对预案。2019年8月，该团队关注到地缘政治导致全球供应链布局有"脱钩断链"的苗头，一些国际品牌开始寻求在中国以外的区域建立供应链。基于此，联想将深圳、天津、合肥等生产基地形成的技术、经验和方法推广到全球其他生产基地，提高海外生产能力，在全球形成"备份"，以应对"脱钩断链"的风险。

除了建立全球供应链风险应对体系，中国出海企业还要着重解决全球供应链中可能出现的"卡脖子"问题。我国在一些关键领域的关键技术、关键零部件和装备上依赖国外，一旦受到制裁或限制，不仅影响企业的出海进程，甚至关系到企业的生死存亡。因此，为了避免"卡脖子"带来的断链危机，中国出海企业要提升供应链的自主可控能力。

华为面对芯片、操作系统等断供问题，推出了一系列防范供应链中断风险的措施。华为大量采购关键元器件，备足 12 个月以上的库存量。同时，华为着手将原来的美国厂商全部切换，做好用中国本土供应商进行替代的备份方案，以技术、资金、设备、专家、人才等方式全力扶植本土供应商。华为还要求部分国外供应商将业务和生产基地从美国转移至中国或东南亚地区的工厂。

## 技术赋能（Tech-Empowerment）

数字技术是中国出海企业提升供应链管理能力的有效工具，能够帮助中国出海企业实现全球范围内供应链信息流、物流和资金流的高效整合，提高整体供应链的透明度和响应速度，降低供应链管理成本，增强供应链的韧性与灵活性。

联想基于大数据、人工智能技术自主研发了全球供应链智能控制塔，将其作为全球供应链的"智慧大脑"。联想全球供应链智能控制塔覆盖智能预测、智能采购、客户订单智能管理、智能制造、质量智能管理和智能物流等一系列智能供应链场景式解决方案，贯穿需求与供应计划、订单交付、新产品导入等产品全生命周期管理过程。联想利用人工智能和多目标优化算法，研发出供应链计划关键物料智能分配方案，包括通过模型组合和自研引擎实现多目标全局优化，一次性生成产品齐套计划、物料分配计划和补货计划，将单次计划的时间从 3 天缩短至不到 10 分钟。

通过将分散在全球各地的数据进行实时收集、分析及模拟，联想全球供应链智能控制塔提高了预测准确性，使管理者的决策时间缩短了 50%~60%，工作效率提升了 10%~20%，制造和物流成本降低了 20%，准时交付率提升了 5%，库存控制也保持了行业领先水平。目前，在联想全球供应链输入的所有数据中，全球供应链智能控制塔几乎占了 80%，超过 70% 的供应链员工在使用全球供应链智能控制塔。

## 第三节　协同供应链上下游企业抱团出海

鉴于供应链的协同性、及时性、经济性、安全性等因素，完整的供应链搭建对中国出海企业的海外经营至关重要。传音积极协同、推动国内手机供应链上下游企业抱团出海、在海外建厂，不仅增强了采购的及时性与稳定性，还降低了采购成本，同时带动当地就业和当地手机产业的发展，使传音成为"非洲手机之王"。

企业出海要协同产业链上下游共建全球产业生态。TCL 创始人李东生提出，"供应链要逐步做深，不能在当地做一个打螺丝的工厂，这是没有意义的。所以，现在我们在越南的产业链不单是我们自己过来，很多产业链配套的伙伴都跟着过来"。

在出海热潮中，越来越多的中国出海企业选择与国内供应链上下游企业抱团出海。究其原因，一方面是为了应对贸易壁垒，中国出海企业不得不带动国内供应链企业出海；另一方面是为了提升在海外市场的竞争力，中国出海企业需要国内供应链企业的支持。而对于国内供应链企业来说，跟随出海能够在海外市场获得更大的发展空间。

首先，供应链上下游企业共同出海是企业应对贸易壁垒的必然选择。为了规避一些国家的贸易制裁，我国很多企业前往东南亚、北美、欧洲等地建厂，将原材料、零部件等运到当地加工、组装后再出口。然而，随着贸易保护主义的升级，一些国家开始审查供应链情况，要求更多的供应链环节必须留在当地。

以光伏行业为例，过去，我国光伏企业去东南亚建立生产基地，从国内进口原材料、硅片电池、组件等在当地组装光伏产品。然而，近年来美国开始对我国光伏企业的供应链进行逐级审查，要求从原材料、辅材到电池、组件，再到最终的光伏产品，整个供应链都要在当地布局。这倒逼光伏企业从"曲线出海"向供应链"全面出海"转变。协鑫集团董事长朱共山表示："我个人预计，未来3~5年内，中国光伏行业将完成第一阶段的全产业链出海，面向美国、欧洲、东南亚、印度、中东、北非、南美等全球重点区域，吸取第一阶段的出海经验和教训，合理利用WTO规则，建立全球化运营新优势。"

其次，中国企业海外供应链建设需要供应链上下游企业的支持。飞鹤创始人冷友斌表示："现在我们出海也带着我们的供应链，它必须跟我们走，不跟我们走的话成本降不下来。"

中国出海企业有时会发现在目标市场找不到合适的供应商，需要带动国内供应链企业出海补齐缺失环节。宗申摩托在泰国建立工厂时，想与当地的供应商合作，然而这些供应商已经与本田做了深度绑定，对宗申摩托服务不力。为了确保顺利生产并在市场上保持价格竞争力，宗申摩托只能带动中国供应商在泰国落地，在当地重新建立一条新的供应链。

最后，供应链上下游企业抱团出海能够在海外市场获得更大的发展空间。蜂巢能源跟随长城汽车进入泰国市场，在当地建立了模组PACK工厂，引进其在国内的先进电池制造技术、工艺和设备，服务于长城汽车、合众汽车等主要客户。此外，蜂巢能源还获得了泰国家庭和工业领域电池产品、储能、回收等多个新能源市场。蜂巢能源通过跟随长城汽车出海，获得了很大的发展空间。

五菱汽车携手核心零部件供应商共同出海，给供应商带来了新的发展机遇。延锋汽车为五菱汽车提供内饰产品，其印尼工厂总经理俞嘉帅表示，五菱在印尼建厂给他们提供了一个"走出去"的好机会，成为延锋汽车"背靠大树"开拓海外市场的重要起点。印尼工厂的运营增加了延锋汽车的国际化经验，培养和储备了能"走出去"的人才，也提升了延锋汽车"走出去"的信心。

## 第四节　与当地伙伴共建供应链生态

联想集团高级副总裁、全球供应链负责人关伟认为，建立供应链生态比吃独食更稳定，生态稳定了，整个供应链的韧性才会加强。

TCL创始人李东生表示："在越南，我们也培养当地的合作伙伴。只有扎根当地，你的竞争力才是扎实的，而且你的发展对当地经济社会的贡献会更大一些，从而实现中国企业自身的全球化可持续发展。"

TCL创始人李东生常常将TCL的全球化战略表达为，从输出产品转向与当地共建工业能力。TCL非常注重与海外合作伙伴的共生共赢，并以此推进全球化经营。通过全球化供应链布局，带动形成多个海外产业集群，TCL在多个国家聚集了供应链上下游超过3 000家合作伙伴，创造了近40万个就业岗位。在巴西市场，TCL与当地合作伙伴SEMP成立合资公司SEMP TCL，坚持"领先科技、和合共生"的发展战略，共建生产基地、供应链和研发体系。目前该公司在巴西市场的电视机销量稳居第3名，单月市场占有率一度跃升至第2名。

中国出海企业在采购、研发、生产等供应链关键环节，可以考虑与当地伙伴建立广泛而稳固的合作关系，在共建供应链生态、发展自身业务的同时，给当地的经济、社会发展创造价值。

2022年，据印度《经济时报》报道，OPPO表示未来5年将在印度投资6 000万美元（超47亿印度卢比），通过赋能中小企业和小微企业来加强生态系统。同时，OPPO印度公司还将专注于5G、AI等下一代技术，以加快印度的产品开发进程，为技术初创企业提供端到端的赋能和技术指导，并探索与教育机构的合作以推动创新。OPPO表示，其目标是与更多的当地供应商合作，以加强当地供应链，从而在印度建立一个强大的智能手机生态系统。"随着强大的本地供应链的建立，现在是时候将优质'印度制造'智能手机出口到特定市场了。这将有助于OPPO印度公司在未来5年将出口能力扩大到50亿美元。"OPPO印度公司公共事务副总裁维韦卡·瓦西什塔说道。

2023年，SHEIN表示计划未来几年在巴西投资7.5亿雷亚尔（约1.49亿美元），为当地商家和消费者建立一个市场，与巴西的2 000家纺织品制造商合作，在未来3年内创造10万个就业岗位。SHEIN称本次投资将用于向当地制造商提供技术和培训，以便它们能够升级运营以匹配SHEIN的按需模式，这将使当地制造商更好地管理公司的订单，减少浪费和过剩库存。此外，SHEIN围绕技术创新、培训支持、工厂扩建以及社区服务等方面，持续开展供应商赋能计划。2023年，SHEIN宣布5年投入5亿元继续深化供应商赋能，为巴西、中国和土耳其的供应商提供工厂和设施改进、工人培训和技能提升课程，帮助供应商通过技术进步转变传统生产模式。

除了赋能当地供应链上下游企业并开展广泛合作，中国出海企业还可以考虑与当地高校等科研机构开展合作。格林美在这方面已经积累了不少实践经验。格林美与印度尼西亚万隆理工学院、中国中南大学合作建成中国—印尼新能源材料与冶金工程技术联合研究实验室，开发新技术以及为印尼培养本地人才。格林美提出"百千万培养计划"，即 6 年内培养 100 名工程博士、1 000 名工程硕士、10 000 名工匠，为印尼新能源产业注入强劲动力，促进可持续发展。

第六章

# 中国企业出海如何搭建与管理人才队伍？

随着中国出海企业逐步深入拓展国际市场，越来越多的企业从单一的产品出海，走向采购、研发、生产、营销、服务等全体系出海，海外员工数量也在稳步上升。商务部统计数据显示，2021年、2022年、2023年中国企业在境外的员工总数分别约为395万人、410万人、430万人，雇用外方员工总数分别约为239万人、250万人、258万人。

人才队伍逐渐本地化，既是企业经营的需要，也是所在国政策的要求。从市场拓展来看，本地人才更了解当地市场，雇用本地人才有利于企业与当地人、当地企业、当地政府建立紧密的联系，克服文化差异对企业造成的不良影响。从用工成本来看，员工外派成本高昂，例如华为需要向外派员工发放离家补助、艰苦补助等，还需要安排好他们的吃、住、行，用工成本较高；而在当地招聘人才不需要提供额外的补助，也不需要解决他们的生活安置问题。从法律法规来看，很多国家会要求外资企业增加当地人员就业比例。例如沙特为保护当地就业率，要求销售、项目管理、采购岗位的本地化用工比例分别不得低于15%、35%和50%；日本要求外资企业必须雇用全职雇员才能向外方人员发放签证；墨西哥规定外籍员工和本地员工的比例不得低于1∶9等。

## 第一节　海外人才队伍搭建的三个原则

中国出海企业在搭建海外人才队伍时，首先要通过外派或本地招聘来为不同区域的海外业务找到对的负责人；其次要提升管理团队的本地人才比例，强调能力互补，增强管理团队的本土化经营能力；最后要逐渐提升员工队伍本土化比例，更好地适应当地的市场需求。

### 原则一：找对海外业务负责人

海外业务负责人是中国企业出海战略的关键执行者，他们不仅需要认同企业的经营战略与文化，与总部保持良好的沟通，还要具备深厚的行业知识和国际视野，能够适应当地环境。能够独当一面的海外业务负责人，尤其是海外区域总经理，已经成为中国出海企业组织内部最为重要的关键岗位。

找对海外业务负责人，才能打响出海第一枪。

不同的中国出海企业，对海外业务负责人的选择呈现不同的策略。有一些企业倾向于将国内骨干派往海外，老员工做新业务，这种做法的优势在于能够保持与总部的紧密联系，确保战略执行的一致性；还有一些企业选择外部招聘，这种做法有助于企业快速建立本土化经营能力，提高对当地市场的响应速度和灵活性。当然，还有一些企业方法比较灵活，会根据情况选择外派国内人才或招聘本地人才。

名创优品在拓展印度尼西亚市场时，选择在公司工作10年之久、营运中心华东大区协理涂宝燕作为负责人。2016年，涂宝燕在印尼市场取得成功之后，又到印度、越南、北美开拓市场。现在，涂宝燕担任名创优品集团副总裁兼海外事业二部总经理，分管10多个国家的海外直营业务。涂宝燕认为："（企业）最缺的就是出海人才，我理解的理想型人才不是在国外读过书、工作过几年就可以，我的标准是至少要在两三个不同区域的市场，参与过打造品牌的全过程。"

有些中国出海企业选择直接招聘海外业务负责人，所招聘的员工通常更了解当地的市场环境、法律法规、社会文化等，容易获得当地利益相关方的信任，能够更好地融入当地市场，实现业务的快速增长。晶科能源创始人李仙德表示："我们认为应该要有全球化的人才。选择负责人的时候，很多人认为要从国内派一个CEO过去，我认为更主要的是需要本土的CEO。晶科能源称之为'全球布局、本土营销'。美国公司的总经理是美国人，欧洲公司的总经理是欧洲人，我们希望沙特公司的总经理是沙特人，我们要有管理全球化人才的能力。"

中国出海企业在聘请外籍员工作为海外业务负责人时，应确保他们对中国文化、中国市场、中国企业经营管理有所理解，以保障沟通与战略执行顺畅。

联想集团董事长兼 CEO 杨元庆曾表示："邀请兰奇加入联想，或许是我做过的最正确的重要决定之一。"兰奇是意大利人，具有多年帮助中国企业拓展海外业务的经验，他曾担任中国台湾企业宏碁的 CEO，主管宏碁在欧洲、中东、非洲、美国等地区的业务，并带领宏碁成为全球三大个人计算机（PC）厂商之一。2011 年，兰奇加入联想时，联想业务在欧美等成熟市场停滞不前；兰奇接手后，用 3 年时间把联想业务做到 10 亿美元以上规模，市场占有率从未掉出前 3 名，并在 2021 年成为第一。

泡泡玛特在选择海外业务负责人时，采取的是"大总经理（GM）体系"，即每个国家的市场由一位 GM 统筹负责。国际业务总裁文德一亲自选择 GM，并在中国总部对其进行为期 3 个月的培训，以加强其对泡泡玛特经营理念、文化、战略、业务流程等的理解；然后由 GM 组建本土化团队，独立负责所在国的门店、人员招聘、业务拓展等几乎所有决策，并向文德一汇报。目前，泡泡玛特所有的海外 GM 皆为外籍员工，且超过 90% 为所在国本地人。

还有一些中国出海企业会根据海外业务成熟度来调整海外业务负责人。在初步进入海外市场时，往往会选择外派国内人才作为负责人，以便顺畅地与总部沟通，更好地落实总部战略。随着企业在当地的业务逐渐成熟，为了更好地满足当地市场需求，企业往往会将外派的国内负责人更换为外籍人才。2020年蔚来刚进入欧洲市场时，任命公司汽车销售与管理高级总监陈晨为欧洲业务负责人，随着欧洲业务逐渐成熟，2024年6月，蔚来任命蒂斯·迈林为欧洲商业运营负责人。目前，蔚来欧洲业务中3个细分地区的负责人均为外籍员工。

此外，中国出海企业在选择负责人时，还要充分考虑海外经营环境的影响。例如，字节跳动受中美冲突的影响，其海外业务TikTok的CEO经历了从国内高管到外籍高管的更迭。

## 原则二：管理团队本土化能力互补

除了找对海外业务负责人，还要基于当地市场建立一支本土化的管理团队。联想人力资源部的数据显示，联想在全球当地任职的管理层中有97%为当地人才。TCL在海外市场搭建管理团队时，除总经理、财务和供应链负责人由国内外派以外，其他如市场销售、人力资源、售后服务等需要与当地消费者打交道的岗位，一般任用当地人。人员配置更加多元、外籍管理人员占有一定比例，充分体现了企业的国际化视野和包容性。

再优秀的人才，也不可能擅长所有的工作，难免会有短板。中国出海企业在搭建海外管理团队时，应格外注重团队成员的能力互补，依靠团队的整体力量开拓国际市场。传音创始人竺兆江认为管理层中的每一个人都应专注于强化自己的强项，而不是过分关注怎样去弥补自己的短板，避免短板和弥补短板都是几乎不可能的事情。因此在出海过程中，传音非常注重管理层成员在不同领域的优势、劣势相互补充，以此减少管理层成员对短板的纠结，发挥自己的长处，从而达到更好的整体效果，提高管理层的整体战斗力。

## 原则三：员工团队本土化

中国出海企业要逐步建立本土化的员工团队。

在名创优品刚进入印尼市场时，涂宝燕带着几个中国员工扎根本地。随着业务的开展，他们招聘当地员工，与大家同吃、同住、同工，让当地员工充分了解和认同名创优品的商业模式和价值观，并逐步将他们培养为管理人员，再通过他们管理本土员工。目前，名创优品印尼公司的人力资源部、法务部、品牌市场部等部门的负责人都由印尼籍员工担任，仅有部分核心负责人为中方员工，名创优品印尼公司的当地员工占比达到95%。

OPPO始终坚持人才本土化策略，致力于建立完整的本地人才体系。OPPO亚太区总裁师帅曾公开表示："人是本土化的第一要素。"OPPO在印尼市场的销售总监、品牌运营负责人等多个管理职位都由当地人担任；印尼工厂的生产制造也由印尼籍员工管理，全厂2 000名员工中仅有不到10名中方管理人员，物料管理等岗位的经理均为印尼籍员工。在1.7万名员工中，印尼籍占比超过99%，只有约100名中国籍员工。

传音在非洲市场当地的员工占比超过90%，他们在生产、采购、销售等环节都发挥着重要作用；华为聘用的海外员工总数超过4.5万人，占比约为64.3%；格林美在印尼约有1万名员工，其中约2 000名是中国人、约8 000名是印尼人，本土化率达80%。

## 第二节　如何在海外招聘人才？

如何吸引并招聘更多的本地员工，从而搭建更优秀的本土化团队是中国出海企业面临的难题。中国出海企业在最初进入海外市场时，由于知名度不足，招聘优秀本地员工具有很大的难度。

企业可以通过多样化的招聘机构和平台吸引当地员工。第一，在线招聘平台，包括LinkedIn、Indeed、Monster等全球性招聘平台，以及德国的StepStone、法国的HelloWork等区域性招聘平台；第二，可以与 HelloCareer 等致力于为中国企业和机构提供定制化海外招聘和跨国引才解决方案的专业招聘机构合作；第三，与当地的大学或教育机构建立联系，中国出海企业可以参与他们组织的招聘会，或者与这些机构建立长期的合作关系，了解毕业生情况并吸引他们加入企业；第四，寻求专业社团和协会的帮助，加入相关行业的国际性社团或协会，参加相关活动并与海外从业人员建立联系；第五，与 GEOR 全球招聘等提供名义雇主（EOR）服务的中介机构合作，帮助中国出海企业合规雇用当地员工。

在招聘当地员工时，中国出海企业可以通过多种方式增加企业的曝光度。比如，按照国际标准把官方网站维护好；开通 Facebook、YouTube、TikTok 等海外社交平台的官方账号并维持运营，定期发布企业近况；通过当地媒体发声，使潜在的应聘者在搜索公司时能看到相关内容等。企业还可以通过制定完善的、适应当地情况的员工薪酬、福利规划、员工培训和成长制度等，打造良好的雇主品牌。例如，名创优品凭借其在全球化人才培养、关爱员工、企业文化与价值观建设等方面的优异表现，荣获全球雇主品牌研究领域的权威机构雇主品牌研究所颁发的"2024 DEI 雇主大奖（中国地区）"，这有利于进一步吸引当地人才。

留学生是中国出海企业本土化人才队伍的重要组成部分。留学生在中国和海外都有生活、学习或工作的经历，对不同文化有更深入的理解。此外，具有海外背景的人才可能已经具备一定的国际人脉网络，有助于企业在目标市场建立合作关系。

华为进入非英语国家时，寻找两类"中间人"来搭"语言桥"。一类"中间人"是在当地大学读书的中国留学生，华为最早进入俄罗斯时就采取这种措施。进入欧洲后，各个代表处纷纷效仿，例如华为欧洲总部建立行政管理平台时，招聘了很多会德语的留学生加入，组建了当地秘书团队。另一类"中间人"是曾在中国留学的外国人，主要来自非洲国家，中国长期以来资助非洲国家的年轻人来华留学，为出海企业提供了人才来源。

此外，中国企业还可以借助海外华人的力量，促进语言沟通、跨文化融合和海外业务发展。华为荷兰代表处首任代表陈海军、巴西代表处法务主管马塞罗·潘都是当地华人，双重文化背景使他们能够敏锐地察觉文化差异，促进外派员工和本地员工之间的沟通，减少双方的摩擦。三一重工在印尼建设灯塔工厂时，招聘当地华人担任翻译，靠他们逐步打开市场。三一重工印尼公司国家经理梁靖表示，三一重工进入印尼市场最初几年，销售团队通过印尼华人联系本地二手工程机械代理商，用分期付款或试用后付款的方式，推销三一重工的新设备。

企业在招聘当地员工时，要严格遵守当地法律法规，并尊重当地用工习惯。比如在某些国家和地区，员工非常看重雇用合同的类型，如果采用短期合同工的形式，可能很难吸引优秀人才；某些国家和地区对于工作时长、下班后处理各类与工作相关的邮件、信息，也有明确的法律规定。此外，薪酬结构和福利成为员工判断是否加入企业的重要因素，比如一些德国员工默认公司会提供配车福利等。如果忽视这些，可能会出现劳资冲突，造成人才流失甚至法律风险。

## 第三节　如何培养海外人才？

名创优品创始人叶国富强调："人才差异化是全球化战略成功实施的关键，要因地制宜，将走出去和本土化结合，搭建具有国际竞争力的高效人才体系。"如何培养、管理一支能支撑海外业务的人才队伍，成为中国出海企业成功与否的关键。

名创优品副总裁兼首席人力官黄锐萍表示："名创优品通过全球化人才战略，赋能品牌持续升级。公司不仅向海外输送优质人才，也注重本地人才培养。通过提高员工的跨文化沟通能力和国际业务知识，形成多元化、国际化的团队，进一步夯实具有国际竞争力的高素质人才队伍。"

中国企业在出海过程中，培养国际化人才是实现全球战略的关键。这不仅涉及对外派人才的培养，确保他们具备跨文化沟通能力、国际业务运营能力和适应不同市场环境的能力，还涉及对当地人才的培养，加强他们对企业整体战略、文化、业务流程等的理解。

**外派人才培养**

中国出海企业对外派人员进行系统化培养十分重要，主要从社会适应性和业务适应性两方面进行。社会适应性包括语言、文化等方面，业务适应性主要是指海外业务能力的提升。

以传音外派应届生为例，优秀应届生在被派往海外工作前，都会接受长达3个月的培训，其中既包括对当地语言、风俗文化等知识的传授，也包括模拟现实工作场景来提升他们的海外业务能力。

在社会适应性方面，语言差异往往是外派人才首要面临的挑战之一。由于不同国家和地区的语言环境各异，为了让外派人才更有效地与当地员工、客户和合作伙伴沟通，中国出海企业需要加强对外派人才的语言培训与考核，提升其语言能力。

联想在收购IBM的PC业务后，在内部发起全员学习英语的活动，并聘请培训机构的教师到办公室驻场教学，推动员工快速提升英语水平。华为在出海早期，其供应链和财务部门发动员工集体学习英语，供应链人力资源部将英语听、说能力纳入员工任职资格考核内容，将英语考试通过率列为各部门主管关键绩效考核指标；财务部门与新东方和英孚教育合作，为员工开办英语业余培训班，后来甚至要求所有财务人员必须通过英语托业考试，达不到水平的不得外派。三一重工要求印尼灯塔工厂的中国员工全部会说英语并学习印尼语。中联重科印尼子公司推出印尼语特训计划。中国葛洲坝集团国际工程有限公司为校招员工开设英语培训班。以上这些，都是提升外派员工语言能力的例子。

除精通当地语言外，外派人才要在东道国陌生的环境中重新建立工作关系和社会关系，必须了解并尽快适应东道国特有的社会文化。中国出海企业对外派人才进行海外相关文化的培训，在一定程度上可以代替实际的国外生活体验，使其能够顺利地适应当地生活，并与当地员工、客户和合作伙伴建立良好的关系，保证业务顺利开展。

2004年以后，随着海外市场发展、人员国际交流频繁，华为积累的海外跨文化知识丰富起来，于是开始组织跨文化培训和交流学习。华为在中方新员工入职培训中加入了西方商务礼仪课程；针对市场体系的新员工培训"二营"专门开展跨文化学习训练；《华为人》经常刊发文章，介绍不同国家、不同民族的文化习俗。2005年，在英国电信"21世纪网络"项目背景下，就有专门的文章详细讲解英国的文化习俗，包括女士优先与绅士风度、英国人的饮茶习惯和送礼习俗、日常见面和交谈礼节、商务活动的衣着和餐桌礼仪等，涉及工作、生活的方方面面，提醒中方员工要尊重这些文化差异，调整自己的行为。

传音人力资源副总经理刘治红表示，传音的中方员工被外派前，都需要进行系统化的多元文化培训，被外派后也要与当地员工进行一些文化相关的活动，促进相互交流。企业内部对于外派员工在跨文化沟通方面存在的问题是"零容忍"的，因为外派员工不仅代表企业，也代表中国的国家形象。

在业务适应性方面，外派人才是为了实现企业的经营目标。因此，中国出海企业必须注重对外派人才海外业务能力的培养。具体的培养方式，一种是在国内进行海外业务的能力培训、实践复盘和情景模拟，另一种是通过轮岗等方式，在外派过程中培养"干中学、学中干"。

名创优品一方面由商品副总裁、产品营销副总裁等高管亲自授课，通过数字化学习平台对外派人员进行培训。名创优品副总裁兼首席人力官黄锐萍表示："数字化能够通过对流程的管理和追踪，加快学习项目的转化周期，提升培训的效率和效果。名创优品的业务分布在全球不同的国家，很难齐聚在总部进行学习，通过线上数字化学习平台可以更高效、便捷地学习，实现信息同频。"另一方面，名创优品聚焦关键岗位，通过"黑马工程""创优生计划""狮王计划""领鹰计划"等，培养具有国际化视野与复合型能力的高素质人才。其中，"黑马工程"面向毕业3年以内的高潜管理人才，"蛟龙出海"计划面向海外端，通过跨中心轮岗、定岗历练等方式，培养能够适应海外不同市场需求的管理人才。

华为也将两种方式结合，探索出"7-2-1"（70%的在岗行动学习和岗位轮换、20%的导师制培养计划和发展反馈、10%的脱产培训）的海外人才"倍速"培养模式，大大提高了国际化人才培养的速度和效率。一方面，华为非常重视对内部出海案例、经验和教训的总结，并开发出相应的培训教材加以充分利用。华为有计划地培养内部金牌讲师并给予相应的奖励，要求相关专家、管理者必须投入其中。另一方面，华为通过岗位轮换推动干部循环流动，从而使整个队伍充满能量，提高干部的全球化视野和领军能力。

联想为了让高管更好地学习如何运营全球业务，启动了"Two in one box"（两人共担同一岗位）的工作模式，即中方和外方各有一人在同一岗位。联想将业务部门以及财务、人力等职能部门的国内高管派遣到海外，与海外高管在同一岗位上密切合作2~5年；就连董事长杨元庆也曾前往美国，与并购后担任联想集团CEO的斯蒂芬·沃德（IBM前个人系统事业部总经理）保持密切配合的工作状态，这极大地促进了中外高管的相互理解，提升了联想高管的全球化管理能力。

## 本地人才培养

通用电气公司传奇CEO韦尔奇曾表示："最优秀的公司从它们开展国外业务的第一天，就开始到处物色本地人才，并用国际化培训课程进一步提升这些人的管理才能。"

对于本地人才的培养，中国出海企业需要从社会适应性以及业务适应性两方面进行。社会适应性主要包括汉语、社会文化、企业文化等方面，可以通过课程培训、轮岗交流、加强宣传、参观访问等方式进行。业务适应性主要是指业务技能的提升，可以通过将国内人才派到海外对当地人进行"传帮带"，或者将海外本地人才请到中国进行交流与培训等方式进行。

在社会适应性方面，为了让本地人才更好地与外派人才沟通、理解并执行总部的战略，企业需要加强对本地人才的语言培训，提升其中文能力尤为重要。

2022年，厦门象屿集团与华侨大学签署了人才培养协议，以"线上+线下"的融合方式，由华侨大学为象屿集团印尼OSS公司250万吨不锈钢一体化冶炼项目的本土员工，提供为期3个月的中文语言技能提升服务。该培训围绕语言、文化、技能和实践目标，专门开设产业中文课程、象屿企业管理智慧研读、中国文化研学等课程，量身定制个性化、特色化课程体系，将语言技能提升、文化研学和专业技能实践有机融合，以增强课程的吸引力，提高学员的参与度和获得感。得力集团与浙江工商职业技术学院合作，对印尼公司的当地员工进行中文培训。比如2024年8月的一场中文培训，吸引了38名当地员工到场参加，同时还有30多名当地员工通过线上实时课程参加学习。

除了提升海外本地员工的中文能力，中国出海企业可以通过课程培训、轮岗交流、加强宣传、组织参访交流活动等方式，加强本地员工对中国社会文化和企业文化的理解，帮助本地员工与总部沟通，增进他们对总部战略的理解，提升海外团队的凝聚力与稳定性，促进海外业务的发展。

对于海外不同地区、不同文化背景的本地员工，华为通过加强宣传，希望他们能够理解并传承华为的企业文化与核心价值观。2005年，华为人力资源体系负责人陈珠芳向海外地区部人力资源部长提出建议，要他们使用当地文化中家喻户晓的故事和积极的人生箴言，来诠释华为的企业文化和核心价值观，被派出去的主管"必须加强与当地员工的沟通，特别是非正式工作场合的沟通，了解他们的风俗，欣赏其优秀文化，寻找适合华为核心价值观的沃土及气候"。

徐工集团通过加强宣传和参访交流等方式，增强海外本地员工对中国文化以及徐工集团企业文化的理解。徐工集团组织4个小分队，走进海外的14个大区，传递企业的使命和愿景、核心价值观以及员工行为准则。同时，徐工集团邀请海外的经销商以及优秀员工到中国来，让他们了解中国的文化、徐工的实力以及徐工的企业文化，让他们有企业的自豪感和归属感。

出海企业的海外业务需要在企业总部战略、业务流程的基础上进行本土化改造，因此提升本地人才对企业总部业务的理解非常重要。这一般有两种方式：一种是将国内员工外派到当地，通过"传帮带"的方式进行业务交流与培训；另一种是将海外人才请到国内，进行业务交流与培训。

海信、泡泡玛特和长城汽车是第一种方式的典型例子。海信制定了"以一带十"的人员培训和升级管理方式，每位中国技术工程师从本地筛选数名优秀员工，对其进行专业指导，使一批批本地员工迅速成长，保持生产的连续性和业务的有效运转。泡泡玛特在开拓海外市场时，初期会通过"传帮带"的方式，从总部派驻工程、产品、运营等职能部门的同事对当地员工进行培训，输出成熟的经验，通过大量交流和沟通引导当地员工和合作伙伴理解公司的发展方向和理念。长城汽车在收购通用汽车的泰国罗勇工厂后，通过总部派遣的员工，把国内制造工厂的管理制度和工作方式带到泰国工厂，并且用中文、泰文、英文3种语言面向本土员工进行传达。

华为和联想采取的是第二种方式。从2006年开始，华为欧洲区将当年所有新入职本地员工分期、分批送到深圳，接受华为大学的新员工入职培训，培训内容由欧洲区和华为大学联合开发，培训方式既有讲座、授课，又有研讨、竞赛，还包括参观和游览市内文化景点，甚至像中方新员工入职培训一样每天进行早操、军训。此后多年，各个海外单位都在华为大学陆续开设了自己的新员工入职培训"专班"。华为还推出"掺沙子"行动，将海外优秀的本地员工选派到中国参加定制培训，并在中国总部工作一段时间。华为为他们量身定制详细的培训和项目实践计划，指定导师为他们提供指导和答疑。本地员工按计划参加项目实践、技能培训、文化培训、参观交流等，在耳濡目染中感受、学习并思考公司的管理运作模式。华为定期组织中国员工与他们沟通，倾听他们的需求、困惑、思考和收获。在2~6个月的实践结束后，华为会组织正式的培训答辩，检验他们的学习成果。华为对他们回国后的表现进行跟踪调查后表明，他们的业务能力有所提升，对公司的价值观更认同，与中方员工、中方主管的相处、沟通和互动更加和谐、融洽。

## 第四节　如何激励海外人才？

中国出海企业要想吸引并留住优秀的国际化人才，需要做好人才激励工作。一方面，中国出海企业要加强对海外人才的利益激励，建立具有吸引力的薪酬体系，以实现与员工的利益共享。另一方面，中国出海企业要加强对海外人才的情感激励，注重人文关怀，增强员工的归属感和满意度。此外，考虑到不同国家和地区的文化差异和社会背景，不管是利益激励还是情感激励，中国出海企业都需要采取差异化的激励方式，设计出符合当地特点与需求的激励机制。

**加强利益激励，与海外人才共享成果**

华为创始人任正非曾表示，华为全球化高速发展的秘诀就在于"分钱分得好"。对于中国出海企业而言，建立有吸引力的薪酬体系是利益激励的基础，注重的是利益共享。出海企业需要根据目标市场的物价水平和行业标准，为海外员工提供有竞争力的基本工资，还可以设置绩效奖金，将员工薪酬与个人和团队的业绩挂钩，进一步激励员工提升工作效率和质量。此外，出海企业实施股权激励计划能够进一步增强员工的归属感，提升员工的忠诚度。

华为不仅遵守当地法律规定的最低工资标准，还推行了具有竞争力的薪酬体系。华为对于任何国家和地区的员工都是一视同仁，不分职级、不看资历、只看贡献，贡献越多，奖金越多，上不封顶。此外，华为注重将员工利益与公司利益强绑定，打破了员工持股计划仅限于中国员工的传统，将海外高精尖人才也纳入进来。2013年，华为推出时间单位计划（TUP）外籍员工持股计划，它是一种基于绩效的现金激励计划，员工在5年有效期内的每一年可获得年度收益，并在5年有效期满后获得期末收益。通过这些激励措施，外派人才和海外本地人才在获得利益的同时也会自觉承担责任，形成紧密的利益共同体。

对于海外人才激励，传音不仅重视高竞争力薪酬体系的建设，还注重与员工共同分享利益。埃塞俄比亚工人的工资普遍较低，传音就提供更高的底薪来吸引优秀的工人，高工资也使员工更珍视工作机会、愿意安心工作，有些员工还会带领和鼓励身边的人入职。传音通过绩效奖金来提升优秀员工的收入，为他们提供没有上限的发展舞台，让他们能够分享企业成长带来的收益。传音不对海外本土员工设定薪酬上限，以此激发员工的主动性和潜力。从股权激励来看，传音在2022年推出的限制性股票激励计划，激励对象包含部分外籍员工，这显示了传音对海外本地人才的重视。

名创优品对国际化人才也采取了股权激励方式。名创优品集团副总裁兼海外事业二部总经理涂宝燕表示，名创优品在印度尼西亚的当地员工可以根据工作时间、职位等级、绩效等获得股权分配，有20多名当地员工拿到了长期股权激励。

## 加强情感激励，注重对海外人才的人文关怀

利益激励的边际效用是递减的，维系的雇佣关系相对脆弱。越来越多的中国出海企业认识到情感激励的重要性，通过为员工提供完善的福利保障、良好的工作环境、明确的晋升通道、自我实现的机会、开放融合的文化氛围等，全面激励和留住外派人才和本地人才。

华为尤其注重对国际化人才的情感激励。在完善的福利保障方面，华为为外派人才提供全方位的行政后勤保障，包括补助、饮食、住宿、安全和健康、配偶陪伴、子女教育等方面。对于补助，华为为外派员工按月发放离家补助、艰苦补助等。对于饮食，华为在海外各地建立中餐食堂，并提供伙食补助，"随军"家属也按员工标准的一半享受伙食补助。

对于住宿，在社会治安良好、房屋租赁市场相对规范的亚太、欧洲等地区，由员工自己租房，华为按略高于市场租金的价格提供租房补贴；在苏丹、安哥拉、乌干达、阿富汗等条件艰苦的国家，由华为代表处租赁宿舍，安排外派员工集中居住。对于安全和健康保障，华为除依法缴纳当地的强制性社会保险外，还为中方员工提供一系列额外的商业保险保障，包括人身意外伤害险、寿险、重大疾病险、旅行险等。对于配偶陪伴和子女教育，华为鼓励艰苦国家外派员工夫妻团聚，"随军"家属享受与员工同等待遇的医疗保险，公司承担员工子女在当地从幼儿园到中学的一部分教育费用。

华为也为本地员工提供良好的福利保障。华为技术瑞典有限公司总经理罗刚曾表示，2012年，华为在北欧地区的员工总数超过800人，在瑞典就有500多人，其中60%以上是本地员工。华为严格遵守当地法律，为所有员工缴纳保险和所得税。除当地法律所规定的内容，华为还为员工购买了商业人身意外险、商业重大疾病险、商业寿险、商业医疗险、商务旅行险等各类商业保险，并制订了特殊情况下的公司医疗救助计划。

在晋升通道方面，华为为外派人才提供了明确的快速晋升通道。华为将是否愿意主动投身国际市场，作为选拔和晋升干部的重要标准。任正非表示，"让有使命感、责任感，做出了贡献的人快一点晋升，让他们在最佳时间、最佳角色上做出最佳贡献，少数人可以破格提拔"。提拔就是树立组织榜样，榜样的力量是无穷大的。华为也积极选用、培养、发展与留住优秀的海外本地干部及本地员工，为他们设置明确的晋升通道。

华为非常注重精神激励的作用。针对外派员工，华为设立了"天道酬勤奖"，奖励在海外连续工作超过 10 年或在艰苦国家连续工作超过 6 年的员工。针对本地人才，华为海外代表处重要管理岗位或关键专业技术岗位的本地员工若符合职级、工作年限及绩效要求，将被授予"贡献服务奖"。

传音在出海过程中同样非常注重通过提供自我实现的机会，对外派人才和当地人才进行情感激励。传音激励并支持员工去做他们真正想做的事情，实现自我价值。一些员工选择在传音工作并不是为了赚钱，而是真正想为新兴市场做出贡献，希望通过自己的努力给当地带来改变，比如通过研发某些手机功能来提升所在国家用户的生活质量。对于这样的员工，传音提供了非常大的发展空间。

**因地制宜，对海外人才采取差异化激励方式**

不管是利益激励还是情感激励，中国出海企业都要面向不同国家和地区建立差异化的人才管理方式。

对于利益激励，中国企业在出海时需要考虑不同国家和地区的薪酬水平和薪酬结构，制定出适应当地的薪酬体系。

不同国家的社会文化和居民消费习惯不同，导致员工的薪酬结构差别很大。中国的员工大多有储蓄意识，所以即使固定薪酬占总收入的比重不高，而是在年终集中发放浮动的年度奖金，他们的日常生活也不会受到影响。但美国的员工往往没有储蓄习惯，日常支出较高，所以每月的固定薪酬需要保持较高的比例。欧洲的大多数国家推崇高福利制度，不希望奖金占比过高，因为这将鼓励一些团队为了获得更高奖金铤而走险。日本的大多数企业没有浮动薪酬的概念，员工领取基本稳定的月度收入，奖金系数通常也是固定的。总之，出海企业在设计薪酬结构时，必须考虑不同国家和地区的差异性。比如，联想对全球员工的基础固定薪酬做到符合行业市场水平，而奖金比例则结合各自区域的实际情况确定。在中国区域，与绩效挂钩的奖金占总收入的比重最高，而海外员工的奖金占比相较于中国区则偏低。

对于情感激励，中国企业在出海时需要考虑不同国家和地区的福利保障、晋升习惯、社会文化等。

中国出海企业需要根据当地的法律法规和商业惯例设计合理的福利体系，包括健康保险、退休金计划等，以满足员工的基本需求和期望。以健康保险为例，德国的健康保险体系以法定医疗保险为主，雇主原则上承担一半的保费，对于意外保险则单独支付保费；美国的健康保险市场以私人保险公司为主，企业提供的健康保险计划通常包括健康维护组织（HMO）和优选提供者组织（PPO）等，员工可以根据个人需求和偏好选择不同的计划；日本的健康保险体系包括国民健康保险和雇员健康保险，雇员健康保险由雇主和员工共同负担保险费。再以养老金计划为例，不同国家的养老金覆盖范围和待遇水平差异显著。比如，新西兰的基本养老金待遇水平最高，可以达到总平均工资的 40%；而其他国家，如爱尔兰，基于缴费情况的基本养老金只达到总平均工资的 27%。

从晋升习惯来看，不同国家和地区可能存在较大的不同。在晋升依据方面，一些国家倾向于按员工的工作表现和业绩晋升，另一些国家倾向于按员工的入职时间和资历晋升；在晋升程序方面，有的国家强调公开招聘和公平竞争，有的国家则侧重于内部提名和评估；在晋升类型方面，有的国家会在职位晋升的同时伴随薪资提升，有的国家在职位晋升的同时保持薪资不变，还有的国家保持职位不变但薪资提升。中国出海企业需要尊重当地的晋升习惯，为外派人才和本地人才建立完善的晋升通道。

第七章

# 中国企业出海如何建设企业文化？

跨文化沟通与融合，是国际化进程中一个老生常谈的话题。此前，上海汽车工业集团收购韩国双龙汽车、TCL并购法国汤姆逊彩电业务，均因文化差异大，导致进程缓慢、并购效果不佳。

现在，随着出海步伐不断加快，企业所面临的文化冲突和摩擦也日益显现出来，只有在出海过程中深刻认识到各个国家和地区的文化差异，进行跨文化建设，才能有效应对内部出现的文化冲突，最终实现在海外市场的长远发展。

## 第一节　解码企业文化差异

随着中国企业不断拓展海外市场，其所面临的文化差异日益多元。即便一场看似简单的会议，在不同的国家和地区也会呈现显著的风格差异。在美国，会议追求高效率和快速决策，通常严格遵循既定议程，以确保高效利用时间；在德国，企业开会前会做详尽的准备工作并对细节格外关注；在拉丁美洲，会议时间安排较为灵活，迟到现象比较常见，往往倾向于集体决策；在东南亚，会议上的沟通较为含蓄，以避免直接冲突；在中东，会议常体现出浓厚的人情味与社交属性，初次会议通常着重于建立信任与关系，而非立即达成具体决策，虽有会议议程，但往往具有较大的灵活性，有时候会议上达成了一致，后续落实却可能遥遥无期。

不同国家和地区会议风格的差异，实质上反映了不同历史传统和价值观念下的文化差异。对中国出海企业而言，理解社会文化差异所导致的企业文化差异，对于成功进入海外市场至关重要。中国出海企业必须先从顶层理解社会文化差异，再从底层和员工的视角洞察企业文化差异。

## 从顶层理解社会文化差异

中国出海企业普遍面临"中国速度"落地难的挑战。TikTok因为加班文化在多个国家遭到抵制，英国电商团队因为不满公司内部高负荷加班，导致一半员工离职；美国团队因为周末频繁加班以及强制性会议，也出现多人离职。这背后体现的其实是观念、法律等社会文化差异。

我们可以从权力距离高与低、个人主义与集体主义、男性化与女性化、不确定性规避强与弱、长期导向与短期导向、放纵与约束这 6 个维度来评估不同国家的社会文化特征（见表 7-1）。

表 7-1　不同国家的社会文化特征评估维度

| 评估维度 | 具体差异 | | 典型国家 |
| --- | --- | --- | --- |
| 权力距离高与低 | 权力距离高 | 社会权力不平等程度高，个体意识低 | 中国、日本、韩国 |
| | 权力距离低 | 社会权力不平等程度低，个体意识高 | 美国、巴西 |
| 个人主义与集体主义 | 集体主义 | 强调集体和谐，互相依赖程度高，注重集体利益 | 日本 |
| | 个人主义 | 强调个人独立、自主，注重个人利益 | 美国 |
| 男性化与女性化 | 男性化 | 更重视竞争与成就 | 日本 |
| | 女性化 | 更重视关怀与人际关系 | 瑞典 |
| 不确定性规避强与弱 | 不确定性规避强 | 对不确定性接受度低，通过严格的规则规避风险 | 德国 |
| | 不确定性规避弱 | 对不确定性接受度高，愿意承担较高风险 | 美国 |
| 长期导向与短期导向 | 长期导向 | 注重未来规划 | 中国 |
| | 短期导向 | 注重即时满足 | 美国 |
| 放纵与约束 | 放纵 | 享受生活 | 巴西 |
| | 约束 | 自律、节制 | 日本 |

这些社会价值取向深刻影响着不同国家和地区的社会文化，进而影响企业文化。比如在高权力社会文化的东亚国家（如日、韩），企业员工对上级的称呼要严格遵守职级规范，

而在低权力社会文化的美国，企业员工则可以直呼上级其名，巴西员工甚至可以直呼上级的小名或昵称。

在强调男性化的社会文化中，比如日本，企业文化强调以业绩为评估标准，激励员工追求技术突破和市场领先；在强调女性化的社会文化中，比如瑞典，企业文化注重团队合作和员工关怀，通过灵活的工作安排和职业发展计划，促进员工工作与生活的平衡，提高员工的整体满意度和忠诚度。受不确定性规避强的社会文化的影响，德国企业文化呈现出对工作流程的严格要求；与之相反，美国企业文化鼓励员工创新和冒险，灵活的工作模式和快速迭代的产品折射出美国不确定性规避弱的社会文化。

通过深入理解不同国家和地区的社会文化差异，中国出海企业能够更好地理解海外市场中企业可能面临的问题，提前做好准备。

比如，在权力距离、个人主义、不确定性规避以及社会约束程度上，欧洲、拉丁美洲等国家的社会文化与中国的社会文化存在显著不同，中国出海企业在这些国家势必会面临比较大的文化挑战，甚至可能需要对自身原有的企业文化做出比较大的调整。而东亚、东南亚在社会文化上与我国相似，强调集体主义、尊重秩序等，为中国出海企业在当地运营提供了天然的优势，企业文化上需要做出的调整相对较少。

三一重工基于对社会文化差异的判断，在收购德国普茨迈斯特工程机械制造公司以后，对双方企业文化差异进行了有效评估并采取适当的措施，最终实现两家企业顺利整合。

中国和德国在社会文化上有非常显著的差异性。在权力距离上，中国处于高位，德国处于低位；中国是集体主义文化，德国是个人主义文化；在男性主义与女性主义上，中国处于中间，两极化不明显，而德国男性主义特点明显；在中国社会文化中长期主义突出，而德国追求短期主义，强调即时回报。

中国两国社会文化的显著差异，直接造成三一重工和普茨迈斯特这两家企业的文化差异。比如，三一重工和普茨迈斯特都追求卓越品质和创新技术，普茨迈斯特"不求最大但求最好"，属于稳健式增长，而三一重工对快速增长更为看重。普茨迈斯特具有严谨、规范的管理风格，注重流程和制度的建设，决策过程相对缓慢，而三一重工强调快速决策、快速执行、快速迭代。在管理风格上，三一重工强调职级制度，而普茨迈斯特更注重专业能力和团队合作。普茨迈斯特前任首席执行官曾提到，"与职级主导的管理模式相比，德国管理者更倾向于听从专业知识更丰富的下属的意见"。

三一重工意识到这些显著的企业文化差异并非一朝一夕就能改变，谨慎选择了"先隔离，后融合"的组合策略。

三一重工并购后，将普茨迈斯特原来的管理层、研发层和生产人员等全部保留，不干涉其具体运营，保留普茨迈斯特原来的品牌价值、管理结构和运营模式，原CEO继续扮演负责人角色，并加入三一重工的董事会。这些做法使得普茨迈斯特在被收购之后仍保持其独立性，避免了盲目进行文化融合可能造成的成本损失和冲突，同时为后期两家企业的文化融合奠定了信任基础。

此后，三一重工派遣专人负责两家企业在文化层面的沟通与交流。如为了促进员工进行深层次的文化交流学习，聘请专业的咨询公司，结合公司自身情况，制定国内、国外两个部分相对应的文化培训内容。除此之外，三一重工和普茨迈斯特还设立了包含两家企业员工的"混血"团队，让它们通力合作，以此促进互动。

随着时间的推移，两家企业逐渐开始理解对方的社会文化差异和企业文化差异。此时，三一重工才开始采取渗透式企业文化融合，将三一重工的企业文化潜移默化地融入普茨迈斯特的企业文化中，用温和的方式完成文化的进一步融合。

## 从底层和员工的视角洞察企业文化差异

中国出海企业还要注重通过一线海外员工的视角洞察企业文化差异，必要时要对海外员工进行企业文化调研，了解并掌握海外员工对企业文化的真实认知，发现海外员工理解的企业文化与实际的企业文化之间的差异，为企业的文化建设提供重要的参考依据，帮助确定企业文化的建设方向。

联想收购 IBM 的 PC 业务后，聘请两家全球咨询机构，组成一个精通多种语言、经验丰富的调查团，用 4 周的时间深入联想在 25 个国家和地区的区域性分公司，对各级员工进行访谈，收集员工对于联想企业文化的真实看法。经过这次深入一线的"文化审计"，联想发现员工对企业文化的理解和认知没有想象中那么简单，从而折射出更深层的企业文化建设问题。比如，信任文化缺失被认为是最严重的问题，直接影响联想在并购后的整合、协同工作。此外，联想还在全公司发起了"文化罗盘"活动，鼓励员工对联想提出的"追求绩效""赢得态度""拥抱变革""坦诚沟通"等全球新文化进行讨论，进一步检验一线员工对联想全球新文化的理解。

华为也重视深入员工视角洞察文化差异，找到企业文化融合的关键点。比如，华为发现不同国家和地区的员工对华为的核心价值观"以客户为本"有不同的理解，在一些国家，员工将其单纯理解为满足客户需求，而忽视了对长远价值的深度挖掘。为了解决这一问题，华为启动了"文化深度调研"项目，委托第三方机构在全球范围内对员工进行调研，全面了解员工对华为文化的认知和反馈。调研结果显示，沟通不足和理解偏差是主要问题。对此，华为在各个区域设立了"文化沟通官"，定期组织文化交流会，同时通过内部培训课程强化员工对企业文化的深刻理解。这些举措帮助华为在全球团队中达成了更高的一致性，增进文化认同，进一步提高了跨文化协作的效率。

海尔在海外企业文化建设中的很多举措，也是基于对一线员工的企业文化洞察。通过对海外员工进行调查，海尔意识到员工对"人单合一"的认知存在较大差异，有的海外公司员工对"自主经营体"的理解停留在企业给予员工更多责任，忽视了员工自主决策权的重要性。为了解决这一问题，海尔在全球子公司推行了"文化体验营"活动，邀请海外员工到中国总部参与沉浸式培训，全面了解"人单合一"模式的理念与实践。同时，海尔还定期组织全球文化论坛，让各国员工分享对企业文化的理解与建议。这一系列措施不仅使海尔深入了解员工对企业文化的认知差异，还帮助海尔在全球范围内成功落地其核心文化理念，提高了企业文化融合的效率与成果。

## 第二节　全球化企业文化建设的三个原则

随着中国企业出海到越来越多的市场，势必要对原有文化进行整合或重塑，进行全球化企业文化建设。构建全球化企业文化一般需要遵循三个原则：建立共同的核心价值观，尊重、包容、适度灵活，跨文化沟通与培训。

**建立共同的核心价值观**

华为要求海外员工，无论其种族和文化背景是什么，最重要的一点是要认可华为的核心价值观。建立共同的核心价值观，对于出海企业的文化建设至关重要。共同的核心价值观能够增强企业的凝聚力，将来自不同文化背景的员工团结在一起，有助于指导员工的具体行为。

对于建立共同的核心价值观，TCL 创始人李东生提出要从文化差异出发，找到各个国家、众多消费者以及企业员工价值观的最大公约数，进而发展出一种"中国叙事"的跨国企业文化。最大公约数一般包括追求卓越、客户至上、尊重、包容、诚信合作、社会责任等。

可以看到，以上核心价值观所包含的内容是在全球范围内被广泛认可的商业原则，在全球商业环境中得到了广泛的认可。基于这些普适价值标准打造企业的文化，可以有效弥合文化差异带来的分歧，促进不同文化背景员工之间的相互理解和合作，确保员工在实际行动上的一致性。

联想在 20 年出海历程中，一直注重建立共同的核心价值观。在国际化初期，联想的企业文化被总结为"说到做到、尽心尽力"。2009 年，联想将价值观重新梳理为"4P 文化"：Plan，"想清楚，再承诺"；Perform，"承诺就要兑现"；Prioritize，"公司利益至上"；Practice，"每一年、每一天我们都在进步"。2012 年，联想将"Pioneer"（敢为天下先）的创新精神加入企业文化之中，"4P 文化"由此变成"5P 文化"。2016 年，为了让多元背景的员工更紧密地联结在一起，联想进一步提出了跨越地理边界、文化边界的价值观"We Are

Lenovo"（"我们，就是联想"）。联想将这种简单、直白、明了、有效的企业文化放到全球，让管理层和普通员工共同讨论，最终形成了属于联想全球员工的共同价值观。

华为为了更好地让海外员工充分理解并认同其核心价值观，主要采取了3种方法：首先，发挥中方主管和中方外派员工的作用，他们天天和当地员工一起工作，言传身教的作用非常明显；其次，在本地团队中树立好的标杆，标杆的作用是无穷的，让当地标杆员工用自己的理解和行动去影响其他员工；最后，给当地员工提供到中国工作、参加培训或者陪同客户到深圳总部参观的机会，来中国一趟可以立即增加当地员工的归属感和认同感。总之，当海外员工从思想上真正认可了华为的企业文化，从而有了归属感时，其使命感更容易被激发，员工更能自觉地融入团队。

### 尊重、包容、适度灵活

在TCL与SEMP的合作过程中，李东生与SEMP负责人的邮件沟通非常密集，他们在邮件往来中提到最多的3个词是尊重、透明和诚信。联想开启国际化进程后，杨元庆对新联想的文化融合提出了3个原则，其中非常重要的一个就是尊重，即倡导员工交流、包容不同的观点。

对于中国出海企业来说，"尊重"很重要，它表现在尊重不一样的文化、不一样的观点、不一样的意见，促进企业与不同文化背景的员工、客户及合作伙伴有效沟通、深入理解，减少文化冲突，推动企业在不同市场的长期稳定发展。

市场不同，文化不同，看问题的视角也会不同。有不同的观点很正常，一定要加以尊重。比如，中国人担心手抓饭有问题，印度人也会认为桌餐不卫生。这种观点差异源于不同文化对"干净"的定义不同。因此，出海企业必须学会"尊重"，这一点很重要。尤其是一些中国企业出海到新兴市场，有时候忽视了尊重，这是不明智的。

华为目前拥有5万多名员工，在海外设置了30多个分支机构，员工来自40多个国家和地区，他们的文化背景、宗教信仰、政治倾向、风俗习惯和生活方式各不相同。只有秉持尊重、包容的理念，营造一个开放、平等的工作环境，才能让每个员工感受到尊重和重视。

字节跳动创始人张一鸣曾在2020年8月4日的公司内部信中，阐述多元兼容对于企业的重要性："如果不站在火星视角，就会容易在工作中冒犯不同国家的文化和价值观，或者把自己的习惯强加给不同文化背景的同事，这样的例子非常多。这是我们为什么把'多元兼容'加入'字节范'的一个原因。"

在打造全球化企业文化的过程中保持适度灵活性，对中国出海企业来说也是十分重要的。中国企业出海需要快速适应不同市场的变化和需求，不同国家和地区的法律法规、市场环境和消费者需求有所不同，企业文化应支持在不同的情况下做出灵活的决策和调整。华为在招聘当地员工时，更多选择的是认同华为核心价值观的同路人，但也允许一些不认同华为核心价值观，却具有专业知识的员工在特定的岗位上工作，只不过他们不能进入中高级管理团队。华为明确要求中方主管必须正视文化差异，绝对不能僵化地强推华为文化。华为文化在落地时要因地制宜、尊重当地文化、做出适当调整。例如，可以将晚上加班改成早上早到公司，也可以在咖啡厅或酒吧这样轻松的环境中进行自我批判等。

## 跨文化沟通与培训

跨文化沟通能帮助员工了解不同文化之间的差异和相似之处，提高在跨文化环境中的沟通能力和合作能力，尤其是在全球化团队中，开放沟通能够减少误解和冲突，有助于建立团队成员间的信任和合作。

建立有效的沟通渠道，鼓励员工分享彼此的经验和想法，促进文化的融合和交流，开放沟通能够促进不同文化背景的员工理解并适应不同的工作方式和沟通习惯。基于此，可以考虑建立多元化的沟通平台，如内部论坛、意见箱、匿名反馈等线上方式，或者定期举行跨文化交流等线下活动，鼓励员工开放沟通。

联想在收购 IBM 的 PC 业务后，成立了跨文化沟通团队，组织员工参与文化交流活动，如举行中外礼仪文化、饮食文化、社交文化的讲座与论坛等，鼓励中外员工共同参与项目，建立"混编"团队以增强彼此的理解。联想曾在内部开展"文化鸡尾酒行动"，通过组织案例讨论等形式，帮助全球员工发现和理解彼此在行为方式上的差异。

名创优品非常注重跨文化的开放沟通，印尼子公司会定期举办多元文化节日庆祝活动，包括传统节日知识分享会、节日庆祝晚会、文化体验活动、户外团队拓展等，增进员工对不同文化的理解和尊重。名创优品副总裁兼首席人力官黄锐萍表示："我们坚信，文化的多样性是名创优品持续发展的宝贵财富。通过一系列多元文化节日庆祝活动，我们希望能够为员工提供一个更加开放、包容的工作环境，让大家在相互学习与交流中不断成长，共同推动名创优品在海外市场的繁荣发展。"

企业文化培训也十分重要。通过培训，可以将企业的核心价值观、行为准则等有效地传递给员工，使他们理解、掌握并主动践行。华为在全球化企业文化培训方面，不仅有效地培训了来自不同文化背景的员工，更在实践中巧妙地运用了"少数影响多数"策略渗透本地员工，有效促进了全球化企业文化的落地，为中国出海企业提供宝贵的经验。

2007年8月，华为启动了"掺沙子行动"，精选一批海外代表处的外籍优秀员工，送他们到深圳总部进行培训，让他们通过项目实践、技能培训和参观交流等活动，亲身体验并思考华为的管理模式和企业文化；此外，举行沟通会议让这些员工分享经验，倾听他们的需求和困惑以促进深入交流。经过 2~6 个月的内部培训，华为最后通过答辩来评估这些人的学习成果，鼓励他们与部门同事交流分享，增进中外员工的相互理解。调查显示，这些人回到岗位后，对华为的文化和价值观认同感增强，与中方员工的沟通也更加顺畅。同时，他们与本地员工分享在深圳总部的所见所感，对周围同事产生了积极的影响，使整个团队更加融洽，从而增强了凝聚力。

## 第三节　应对文化冲突的五种策略

纪录片《美国工厂》展示了福耀玻璃美国工厂落成后，在运营中面临的种种企业文化冲突。福耀集团尝试了多种方法来融合中美两种截然不同的文化，然而要想在短期内实现真正的文化融合是非常困难的，文化冲突难以避免。如果不能对文化冲突进行有效应对，可能会严重影响出海进程。那么，中国企业出海时应该如何应对文化冲突呢？

根据图 7-1 所示，我们可以借鉴托马斯-基尔曼文化冲突决策模型，探寻企业中文化冲突的五种应对策略。在该模型中，横轴代表合作性，从左至右，合作程度逐渐增加，从不合作到合作；纵轴代表对抗性，从下往上，对抗程度逐渐增加，从不坚持到坚持。基于合作性或对抗性的不同选择，企业可以用竞争、合作、回避、妥协、服从五种策略应对企业中的文化冲突。

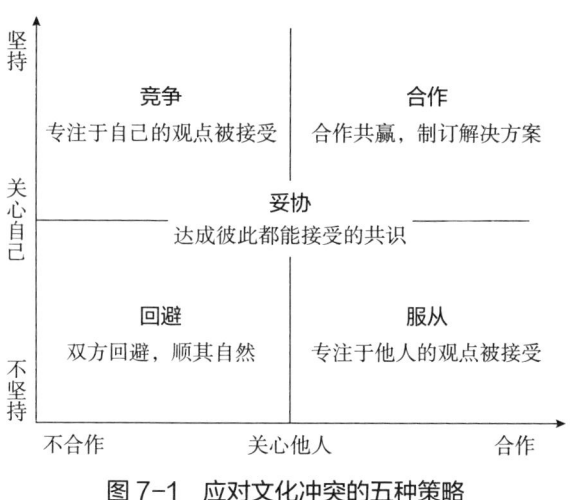

图 7-1　应对文化冲突的五种策略

纵轴：关心自己（坚持 / 不坚持）；横轴：关心他人（不合作 / 合作）

- 竞争：专注于自己的观点被接受
- 合作：合作共赢，制订解决方案
- 妥协：达成彼此都能接受的共识
- 回避：双方回避，顺其自然
- 服从：专注于他人的观点被接受

## 竞争策略：坚决追求并保护自身文化

竞争策略适用于需要维护重要原则的场景，采取这种策略意味着要坚定地追求并保护自身的企业文化。竞争策略一般较为强势，处理不当可能会导致合作破裂，处理得当则可以维护企业价值。

2017年福耀玻璃美国工厂因工会问题引发的文化冲突，至今令人印象深刻。福耀玻璃最终以868票对444票否决工会动议，它在这次文化冲突中采取的就是竞争策略。

福耀玻璃美国工厂正式运营后，中美双方员工就是否建立工会发生严重冲突，美方员工得到美国汽车联盟工会的支持，要求提高员工福利、工作环境安全性等；而中方管理层立场坚决，表示"福耀需要工会，但不需要美国式工会"。由于福耀玻璃在当地聘用的工厂高管一直没有解决这一问题，他们最终被辞退。福耀玻璃重新聘用华人高管，果断开除了一部分参与者，最后在是否建立工会的投票中获得了压倒性胜利，当年福耀玻璃美国工厂实现了扭亏为盈。

## 合作策略：平等协商、互相改变

合作是处理跨文化冲突最有效的策略，双方愿意沟通，共享不同的观点和专业知识，通过合作找到满足共同需求的解决方案。

联想在收购 IBM 的 PC 业务之初，其中方高管和美方高管曾面临非常大的企业文化冲突，从日常工作到重大决策，两者的冲突时常发生。比如，美国企业文化强调高效沟通，会议上美方高管语速快，中方高管有时候跟不上、听不懂，索性不发言。美方高管对此不满，认为中方高管不重视会议，对会议没有贡献；而中方高管很无奈，因为他们找不到表达的机会，贸然打断发言又显得不尊重。对此，联想选择用合作策略解决冲突。经过沟通，双方在如何开会上达成一致意见：所有拟讨论的会议议题和资料需要提前 24 小时发出，便于会议参与人员消化；所有参会人士尽量表达意见；美方员工发言时要把语速降低，并与其他人确认是否跟得上；中方员工的发言时长增加一倍，从 10 分钟增加到 20 分钟，以便有时间充分地表达观点。

## 回避策略：暂时搁置、平稳过渡

当冲突不重要或双方希望避免对抗时，回避也可以成为一种有效的策略。

中国企业在并购海外企业初期，一般会采取这种策略。被并购的海外企业往往拥有独立、完整的企业文化，员工对自身企业文化高度认可，如果一开始就进行文化融合，会导致剧烈的摩擦和强烈的冲突，引发员工焦虑和敌对的情绪。因此，中国出海企业并购海外企业时一般会采取回避策略，尽量保持双方企业文化的平稳状态。

在吉利并购沃尔沃之初，李书福聪明地选择了"沃人治沃"的指导理念，保留沃尔沃独特的企业文化。他表示沃尔沃是沃尔沃、吉利是吉利，两者是兄弟关系而非父子关系。吉利在帮助沃尔沃巩固欧美传统市场地位时，还帮助它开拓了包括中国在内的新兴市场。吉利要让沃尔沃焕发新的发展活力，充分释放闯劲。

美的收购 KUKA 时遭遇的文化冲突也比较典型。KUKA 作为一家德国企业，整体比较谨慎，厌恶改变和风险，害怕犯错误，这与美的努力求变、把改变作为机会的经营原则完全不同。对于这些冲突，美的选择回避策略，没有强行推行自己的企业文化，而是保持 KUKA 作为一家德国企业的文化特征，避免直接对抗带来冲突。

## 妥协策略：适度灰色、折中处理

对于文化冲突而言，很多事情不是非白即黑、非此即彼的，而是存在一个灰色地带。妥协策略其实就是保持适度的"灰色"，避免极端立场，促进双方找到共同点，哪怕意味着要放弃某些利益。

任正非时常会提到"灰度"一词，他的理解是学会包容和妥协，寻求整体和谐与平衡。任正非认为华为文化就像是洋葱，是由外来文化组成的，这一层是英国文化，那一层是美国文化。华为文化要兼收并蓄，以开放的心态去吸收各种精华。华为在进入拉丁美洲市场时面临非常大的社会文化差异，为了更好地融入当地社会，在遵守共同的核心价值观之外，允许当地公司推行更加灵活的工作制度，以此鼓励员工个人发展。华为蓝军在反思华为出海的不足时，提到很重要的一条就是不能把中庸之道用到极致，而应"灰度、灰度再灰度，妥协、妥协再妥协"。

联想在出海过程中对于弹性工作制的重塑，也是一个很好的妥协策略的例子。对于全球员工，联想并不寻求严格控制员工的工作时间与工作地点，而是以效率、工作成果等指标对员工进行考核。来自不同国家和地区的员工可以按照自己的计划工作，有极大的自由选择上班或下班时间。比如，中国员工相对来说更晚上班，也更晚下班；美国员工更早上班，也更早下班；日本员工至今仍保持每个星期只到办公室办公3天，其他时间居家办公。还有一些员工可以根据自己的家庭需求决定上下班时间，比如需要接送孩子上下学的员工，可以按照自己的需求调整上下班时间。

## 服从策略：尊重并接受对方的文化

服从策略显示出对对方文化的尊重和理解。

中东和北非地区的穆斯林一天要做5次礼拜，员工在礼拜时间放下手中的工作是非常正常的事情。对宗教信仰影响下的企业文化，出海企业应该予以尊重。一些企业出海到中东国家时积极调整自身文化，如在公司专门设立祈祷室，满足员工宗教活动需要，提供清真食品并在斋月期间调整工作安排，减少员工白天的工作时长，从而避免对当地宗教文化的冒犯。此外，一些出海企业还会在重要宗教节日向当地社区捐赠食品和生活物资，以此建立良好的社会关系。

第八章

# 中国企业出海如何打造组织能力？

综观中国企业的出海征途，不难发现无论是老牌制造巨头如美的、海尔、海信，还是新兴科技企业如字节跳动、拼多多，它们在海外市场上的成功绝非偶然，其背后都有强大的组织能力支撑。

在出海企业的组织能力建设中，一把手至关重要，这要求一把手必须完善全球化领导力，充分发挥自身的作用带领企业出海。除此以外，海外公司的组织架构设计、总部与海外公司的集权与授权也十分重要。由于海外市场环境复杂，中国出海企业在组织能力建设过程中要高度关注对人身安全、合同管理、财务管理以及内部腐败等风险的防范。

## 第一节　企业出海必须是一把手工程

企业出海必须是一把手工程，一把手不仅要引领出海进程，还要深度参与出海过程。这对一把手的领导力提出了新的要求，提升一把手的能力成为打造企业出海能力的首要任务。

企业出海是一项系统性、全局性的深刻变革，涵盖了出海市场选择、出海战略制定、组织结构调整、跨文化管理以及海外业务开展等多个层面，必须由一把手亲自挂帅、统筹规划、精准施策。任何一个业务部门或海外事业部的负责人都难以担此重任。

华为的出海战略是由任正非统筹规划、精准施策的。早在20世纪90年代，任正非敏锐地洞察到全球通信市场的巨大潜力，提出了"走出去"的战略。他亲自带队考察海外市场，在初期多次前往俄罗斯，与当地政府和运营商洽谈合作。他强调："只有亲自参与，才能真正了解海外市场的复杂性和多样性，为公司的全球化发展指明方向。"在他的领导下，华为如今已成为全球领先的通信设备供应商，业务遍及170多个国家和地区。

海尔的出海战略离不开一把手张瑞敏的亲自推动。1999年，张瑞敏提出海尔国际化战略"三步走"：走出去、走进去、走上去。他认为，企业要想在国际市场立足，必须深入当地市场，实现本土化经营。他认为出海就得遵循"先难后易"的策略，先进入发达国家市场，再拓展到其他地区。为此，张瑞敏亲自参与海尔在美国南卡罗来纳州的工厂建设项目，为了了解当地的法律法规和文化习俗，他与美国的律师、会计师、政府官员沟通，解决了土地、税收、环保等一系列问题。在他的带领下，海尔在美国顺利建设了制造基地，实现从产品出口到本土化生产的转变。如今，海尔在全球拥有10大研发中心、143个制造中心和23万个销售网络，产品销往200多个国家和地区。

企业出海需要长期投入大量人力、物力、财力等资源，这些投入往往存在诸多不确定性与风险，且短期内难以看到显著的经济效益回报，通常需要一把手拍板决策。

字节跳动在推动全球化战略时需要巨大的资金投入，张一鸣果断决策，斥资10亿美元收购了北美的Musical.ly，将其与TikTok合并，迅速打开了海外市场。

企业出海还会触及多方利益，必须由一把手消除阻力。企业在出海过程中，不可避免会涉及对利益相关者权、责、利的调整。例如，进入海外市场需要调整产品策略，这可能引起研发部门和生产部门的抵触；全球化的管理模式要求员工适应新的文化和流程，这可能引发员工的抵触情绪；高薪聘请的国际化人才可能对现有管理层的地位构成威胁，进而影响其利益分配。如果没有企业一把手强力推动、平衡各方利益，出海很难顺利推进。

海康威视在进军海外市场时，面临着技术部门和市场部门的矛盾。技术部门认为产品需要更多时间打磨，市场部门则要求尽快投放海外市场。面对这种情况，董事长陈宗年亲自出面协调，强调"技术与市场必须协同发展，不能各自为政"。他建立了跨部门的协作机制，确保各方利益得到平衡，推动了企业的全球化进程。目前，海康威视的产品和解决方案已应用于全球150多个国家和地区，海外业务收入占总收入的34%。

## 出海企业一把手需要重点提升的能力

为了更好地领导企业出海，一把手除了要具备冒险精神、学习能力和创新能力，还需要具备全球化战略管理能力、跨文化沟通的全球领导能力、亲力亲为的海外创业能力、整合海外资源的能力，以及树立海外企业形象的能力。这些都是一把手能力提升的重点。

**全球化战略管理能力**

出海企业一把手要具备全球视野，深入了解、洞察全球市场动态，带领企业制定适合实际情况、切实可行的出海战略。

海信集团创始人周厚健推动海信实现全球化发展，是展现全球化战略能力的生动案例。20世纪90年代末，周厚健就意识到中国家电企业必须向海外市场拓展，在深入分析全球家电行业发展动态的基础上，将海信国际化的重要突破口定位于 B2B 产业出海。这种前瞻性全球战略思维使海信通过 B2B 产业的持续拓展，形成了 B2C、B2B 并重的产业布局，提升了国际竞争力，在全球家电市场中处于优势地位。

晶科能源创始人李仙德凭借超前的全球化战略视野，领先于业内其他企业，较早在海外市场进行战略性布局。2013 年，李仙德率先提出"赶快去拉美、中东、非洲，那里是目前最被忽视、未来最有爆点的市场"。2015 年，李仙德敏锐地意识到东南亚地区对新能源需求的快速增长以及欧美贸易壁垒的冲击，较早地带领晶科能源在泰国和越南等地建立了多座光伏组件工厂，开启晶科能源在海外的光伏制造大布局。近几年，在中东地区，李仙德发现清洁能源正在成为主要投资方向，他迅速抓住机会，与沙特和阿联酋当地政府及企业合作建设大型光伏电站项目，助力当地实现能源结构转型。这些超前的海外市场布局，使晶科能源成功巩固了其在全球清洁能源市场的领先地位。

**跨文化沟通的全球领导能力**

跨文化沟通的全球领导能力是一把手在企业出海过程中必须具备的关键能力。尊重多元文化、推进跨文化融合、带领来自不同国家和文化背景的管理团队，这些都需要一把手发挥好带头作用。

企业出海过程中会遇到不同国家和地区的合作伙伴或竞争对手，要管理文化背景、价值观不尽相同的员工，这些需要一把手能很好地沟通、协调，带领自己的团队实现企业出海的目标。在联想的全球化进程中，杨元庆作为一把手，在促进企业文化融合、领导全球化管理团队时起到了关键的带头作用。杨元庆将英语作为联想的"官方语言"，带头学习英语，不仅不用翻译就能与海外同事顺畅地开会，还能巧妙地运用语言展示自己的幽默。杨元庆变得更加包容、尊重对方，很多海外高管开会时喜欢跷着二郎腿，甚至把腿放到桌子上，这些以前不可想象的事情，如今并不会因为个人风格不同而被介意。杨元庆时常邀请高管和国际同行到家里做客，在拉近彼此距离的同时，推动彼此相互理解。在杨元庆的带动下，联想重视文化差异，包容不同意见，将全球化的高管团队凝聚起来，来自数十个国家的员工团结起来，高效协作、减少文化分歧，贡献出了各自的力量。

**亲力亲为的海外创业能力**

对大部分中国出海企业来说，海外市场是一个全新的领域。拓展海外业务并不是对国内业务的简单复制，而是充满着许多未知的风险和挑战，这是企业的一项创业工程，需要一把手亲自下场，在一线带领员工开拓未知的市场。对一些企业家，尤其是已经功成名就的企业家来说，出海将是不小的挑战。

非洲市场充满着机遇，也有诸多挑战。作为传音股份的一把手，竺兆江长期扎根非洲市场，了解当地消费需求，推出专门为非洲用户设计的手机产品，在非洲多个国家建设生产基地，为当地创造就业机会。在他的亲自带领下，传音迅速成为非洲市场的领导品牌。

字节跳动创始人张一鸣，在推动企业出海进程中展现出非凡的创业能力。他亲自下场推动海外业务发展，大部分时间在海外办公，了解不同国家的市场监管政策、文化差异、消费习惯等。他在字节跳动成立初期就大胆地将短视频应用推向海外，从产品形态到内容策略都进行了深度本地化尝试，让字节跳动在几年时间内就在国际社交媒体领域崭露头角，成为国际市场增长最快的社交平台之一。

海康威视董事长陈宗年亲力亲为，多年来以创业心态带领企业在海外市场中不断突破。海康威视在国际化进程中面临多重挑战，包括技术竞争、市场开拓、政策合规等，陈宗年始终工作在出海第一线，亲自参加行业会议，与国际同行交流，掌握最新的技术趋势和市场需求。在业务布局上，陈宗年积极学习海外市场的政策法规与商业惯例，在开拓欧洲市场时深入了解当地数据隐私相关的法律细节，指导团队针对性地开发符合欧盟《通用数据保护条例》（GDPR）标准的产品和服务。这种突出的亲力亲为的创业能力，帮助海康威视成功进入欧美等海外市场，使其成为全球视频监控行业的领导者。

**整合海外资源的能力**

建立海外关系网络，统筹、整合全球资源，是一把手带领企业出海过程中需要打造的一个重要能力。一把手在出海过程中容易遭受质疑甚至误解，要加强同当地政府、企业、民众的沟通，以及同合作伙伴的协作。企业还要建立渠道和高效的海外供应链，以及设立研发中心等，这些仅靠自身的资源是不足的，需要在海外拓展更多的资源。

中兴通讯董事长李自学通过不断努力，建立起卓越的全球资源网络，使中兴通讯在多个海外市场中占据了重要地位。比如，在非洲市场，李自学多次亲自率团访问肯尼亚、南非等国，与当地政府官员会面，推动中兴通讯在当地通信基础设施项目的落地；他还亲自推动企业与当地运营商建立紧密的合作关系，帮助中兴通讯成为非洲电信市场的重要供应商。在欧洲市场，中兴通讯遭受一些国家的质疑，李自学勇于面对，不断加强与行业协会和政府监管部门的沟通，展示中兴通讯对合规管理的高度重视；他亲自推动公司与欧洲顶尖高校的合作，在5G技术领域展开联合研发。这种对海外关系网络的建设和对资源的整合，使中兴通讯在竞争激烈的国际市场中占据了优势。

**树立海外企业形象的能力**

中国企业去到海外市场，受不良宣传的影响，很有可能遭遇当地政府和民众的质疑或反对。要想改变这一情况，需要中国出海企业在海外树立新的企业形象，这需要一把手重视履行社会责任，遵守当地法律法规，努力促进当地就业，有效提升企业在当地市场的声誉，树立起负责任的企业形象，为企业在海外市场的可持续发展奠定基础。

伊利集团董事长潘刚在推动企业出海的过程中，以"全球健康生态圈"的理念践行社会责任、树立企业形象。他主张伊利不仅要为消费者提供优质产品，更要关注环境保护和社会福祉。在新西兰，伊利投资建设了全球最大的一体化乳制品生产基地，它严格遵守当地的环保标准，采用可再生能源，减少碳排放。此外，潘刚还推动伊利在全球范围内开展公益项目，例如资助儿童营养改善计划和支持乳业研究等。通过持续的努力，伊利不仅成为全球乳业的重要参与者，也树立了中国企业负责任的国际形象。

隆基绿能董事长李振国以推动清洁能源发展为己任，展现了强烈的社会责任感。他在全球范围内推广光伏发电技术时，提出"光伏改变世界"的愿景，带领隆基绿能在非洲和东南亚投资建设光伏发电站，为偏远地区提供清洁电力，改善当地居民的生活条件。同时，他推动公司加入全球气候行动计划，承诺到2030年实现"碳中和"。这些实践帮助隆基绿能在海外市场树立了良好的企业形象。

一把手的能力是决定企业出海成败的关键因素。未来，随着中国企业出海进程的进一步加深，对一把手这些方面能力的要求将越来越高，一把手只有不断锤炼、提升自身能力，才能带领企业在海外市场乘风破浪，创造更大的辉煌。

## 第二节　出海企业组织建设的三个重要问题

随着海外业务版图不断拓展，中国出海企业将面临越来越多组织内部的管理问题，其中有三个关键问题需要重点解决：一是在不同阶段动态调整组织架构，二是平衡总部集权与海外分权，三是海外企业工会问题。

**动态调整组织架构**

随着中国企业不断出海，企业经营区域不断拓展，产品、服务会越来越丰富，人员队伍会逐渐扩大，这就要求企业要适时地对组织结构做出相应调整，以减少组织内耗，实现高效管理，支撑企业海外业务的顺利发展。

一般来说，中国出海企业采取的组织形式有国际部门架构、全球产品架构、区域架构、矩阵式架构等。

初步出海的中国企业，由于海外业务规模尚小，通常选择国际部门架构，即设立专门的国际业务部门来统筹海外业务，集中精力高效拓展业务，避免分散企业内部过多的资源。随着海外业务规模的扩大，中国出海企业需要考虑更为灵活的组织架构。

全球产品架构按照产品线划分组织，每个产品线部门负责其海外市场内部的运营管理，这种架构适用于产品标准化程度高、在海外市场采取统一产品策略的出海企业，例如制药企业等。

对于市场需求差异大的中国出海企业（如食品、零售和服务业企业）来说，选择区域架构更为适合。区域架构划分不同的地理区域，每个区域负责该地区的所有业务。这一架构最大的优势在于能够深入了解当地市场，快速响应消费者需求，并制定符合当地文化习俗的营销策略。我国很多出海企业在海外设立子公司，运用的便是这一组织架构。区域架构最大的挑战在于可能导致资源重复投入，且区域之间的战略协调难度较大。为此，中国出海企业在采用这一组织架构时，需要建立有效的协调机制。

矩阵式架构结合了产品和区域的双重维度，能够更好地发挥全球资源共享和协同效应，联想的海外组织更接近矩阵式架构。在海外市场，联想以城市为单位建立了"区域管理"（site management）模式，不同的城市有不同的业务线，也有不同的职能部门，以便快速响应当地市场的需求。联想还建立了"区域委员会"(site committee)，这个组织是虚拟的，负责人通常由所在城市职务最高的管理层兼任，其主要职能是在必要的时候将区域内不同业务线的员工聚集起来，组织团建、共同培训、跨业务沟通等活动。

在海外业务发展过程中，联想会定期进行评估，包括组织架构是否适合业务发展、有效性如何、负责人的表现、能否使战略更好地执行落地等，一旦发现组织不能匹配业务发展，就会马上采取行动进行调整。

华为会根据海外业务的需求对组织架构进行动态调整。在进入海外市场初期，组织形式以简单的销售团队为主。随着业务范围的扩大，华为将组织模式升级为"区域办事处＋全球产品线部门"，办事处一般具有研发、销售、服务和运营等职能。

近些年，蔚来在出海过程中不断根据海外业务的发展调整组织架构。2022年6月，蔚来对全球业务进行调整，将公司一级部门"全球业务发展部"更名为"欧洲业务发展部"，以此集中力量进军欧洲市场。两年后，蔚来再次对海外业务进行调整，新设一级部门"全球业务发展部"（GB）来统筹海外业务。全球业务发展部下设6个新的二级业务部门，覆盖中东及北非地区、亚洲地区、拉美及大洋洲地区、西欧地区、南欧地区、中欧东欧及北欧地区这6大区域的业务，设立战略和计划部、运营支持中心部。这一组织架构的调整意味着蔚来将海外业务从欧洲再度扩展到全球，欧洲市场的管理也更趋精细化。

出海企业组织架构的关键，在于企业要根据自身的战略目标、产业特性、业务规模和市场环境来动态调整并选择，从而有效平衡全球一致性和本地响应性。

## 平衡总部集权与海外分权

随着海外业务规模的扩大，中国出海企业往往会在海外多个国家和地区设立分支机构。如何把握海外分支机构的授权尺度成为新的挑战。

对于很多中国出海企业来说，进入海外市场有很强的不安全感，但这并不意味着"强管控"的模式能够奏效，尤其是当出海企业对海外市场了解还不够充分的时候，这种做法甚至会适得其反，来自总部"想当然"的指挥很有可能导致海外业务受阻。亚马逊曾因不信任中方团队，将决策权牢牢掌握在美国总部手中，只让中方团队扮演运营角色，最终败走中国市场。当然，如果对海外分支机构授权过于宽泛，也容易导致各自为政、缺乏统筹协调，甚至会有很大的经营风险，影响企业在海外市场的健康发展。

因此，如何找到集权与分权的平衡点，既保证总部对整体战略的把控，又赋予海外分支机构足够的业务自主权，对于仍处于探索阶段的中国出海企业来说是一项很大的挑战。

总部集权通常具有战略一致性高、资源利用效率高以及控制力强等优点，企业总部统一协调出海规划，集中调配人力、物力和财力，避免资源的分散与浪费，可以对各个市场的业务进行强有力的控制，确保海外分支机构遵循企业的整体战略目标。但这种总部集权的强管控模式使海外分支机构的市场适应性变差，无法及时有效地应对当地市场的变化与需求，还可能抑制当地员工的创新积极性，不利于出海企业在不同国家和地区的差异化探索。

与之相比，海外分权具有较高的灵活性，能够激发海外分支机构的创新活力并提升员工的积极性。海外分支机构可以根据当地市场的实时变化迅速做出决策，及时调整产品、服务或营销策略，更好地满足当地消费者的需求，最后促进出海企业在本地市场的发展与创新。海外分权的关键挑战在于战略协调难度大，不同的分支机构很有可能因为追求自身利益最大化而忽视出海企业的整体战略规划，导致资源的重复投入与浪费，甚至出现内部竞争与冲突、权力滥用、风险失控等。

在平衡总部集权与海外分权时，中国出海企业需要考虑业务特征、管理能力、员工素质等因素。对于那些需要快速响应市场变化的业务，比如市场潮流变化迅速的时尚服装等行业，适当分权可以使海外分支机构迅速捕捉当地流行趋势并调整产品设计与营销策略。对于那些需要高度一致性的业务，如制造业等，产品的安全性和技术标准要做到全球统一，集权模式则更为合适。从出海企业本身管理能力的角度来看，若企业管理能力较强、信息系统发达、能够实现高效的信息传递与监控，那么可以适当增加分权；反之，则可能需要集权以确保企业运营的稳定性。此外，组织文化和员工素质同样影响出海企业对集权和分权的平衡。在强调团队合作、创新和员工自主性的企业文化中，高素质的地方管理团队能够充分发挥自身的创造力和能动性,此时分权能够帮助出海企业在海外市场获得更大的发展空间;而在注重纪律、职级分明的企业文化中,集权模式更容易被接受和实施。

就目前中国出海企业的实际情况来看,大多数企业倾向于选择集权模式,仅把某些权力下放到分支机构。在开展海外业务时,不仅财务、审计等由国内总部统一管理,生产、营销等也由国内管理。

华为设立区域经营中心,负责区域内的业务开展。区域中心可以有效利用当地各类资源,最大限度地贴近客户,全力满足他们的需求。区域中心拥有很大的业务经营权,审计、财务等由总部牢牢控制,人事权等分层、分级授权,由此加大对一线业务部门的授权力度,减少对职能部门的授权力度。

## 海外企业工会问题

在许多国家和地区,工会有着相当大的影响力。中国出海企业需要在组织管理中重视工会制度差异,了解不同国家和地区的工会制度,并与工会保持良好的沟通,增强谈判能力。中国出海企业如果与工会的关系处理得当,生产经营活动就能够正常开展;如果处理不当,则会招致抗议、罢工或其他形式的抵制,使生产活动受到影响甚至停产。

美国行业工会是强势工会的典型代表,它是整个行业工人的集合,力量非常强、影响范围非常大。全美汽车工人联合会（UAW）已成立80多年，不仅人数众多，而且具有非常大的政治和经济势力。美国工会保护工人利益，会定期与企业谈判，包括提高工资、保住岗位等问题，如果谈不拢，就以罢工、静坐等为手段，逼迫企业妥协。福耀玻璃在美国建厂时，就经历了与工会的冲突。2015年，福耀玻璃美国工厂正式运营后，被指控存在"种族歧视"、带薪休假制度不合理以及忽视员工工作环境安全保障等问题。它被质疑是否真想按照美式监督和美国标准来经营，由此导致UAW对福耀玻璃美国工厂发起激烈的抗议，包括宣讲、集体诉讼、罢工等。福耀玻璃与美国工会和工人代表进行了长达数年的沟通、协调、斗争，最终以868票对444票，否决了在福耀玻璃美国工厂成立工会的动议。

与美国工会类似，韩国工会也属于"强硬型"工会，且具有一定的政治色彩。韩国有两家全国性工会组织，分别是韩国劳动组合总联盟和全国民主劳动组合总联盟。除了这两个全国性工会，还有很多企业工会，如韩国LG工会、三星工会等。法律为工会运动提供保障，因此韩国工会通过罢工来获取利益是一种普遍的现象。上汽集团在收购韩国双龙汽车时，因未妥善处理工会问题导致罢工和经营困难，最终造成巨额损失。为阻止企业被收购，双龙汽车工会多次罢工，一开始并未被重视，后来在上汽集团和双龙汽车谈判期间再次举行罢工，要求与上汽集团签署一份特别协议，包含建立劳资海外经营战略委员会、允许工会参与董事会决策过程、保障雇用工人以及设备不能被转移等多项要求。为实现收购计划，上汽集团签订了该协议并且承诺雇用原始员工。但随着企业经营问题不断出现，上汽集团开始解雇原始员工，招致工会持续49天的罢工。持久的罢工运动以及突如其来的市场变化，使双龙汽车最终因经营困难宣布破产，遭受了约30.76亿元的巨额资产减值损失。

在越南、菲律宾等东南亚国家，劳动法规对雇员的保护较为严密，工会在保护员工权益方面发挥着重要作用。比如越南《劳动法》规定了罢工的合法性，工会可以通过投票决定是否罢工；若超过半数投票支持，则工会可以依法启动罢工。曾有中国出海企业因安排员工加班却不提供工作餐，造成1 000多名工人集体停工抗议。菲律宾《劳动法》规定了最低工资、工时和加班费等具体要求，未履行这些义务的企业可能会面临工会抗议甚至法律诉讼。

德国工会以产业工会为基础，被认为是"平衡型"工会的典型代表。德国法律虽然赋予工会罢工的权利，但又规定罢工必须在劳资谈判破裂以后，经75%以上的工会成员同意才能举行。在德国，谈判是解决劳资冲突的主要方式，资方和劳方定期举行谈判，对于谈判结果双方也比较遵守，所以德国的罢工情况少于法国等邻国。日本工会被认为是"亲密型"工会的代表，工会认为工人与企业的命运是绑在一起的，应该共谋发展，因此与企业发生对立冲突的情况比较少。

中国出海企业在进入海外市场时，应该提前了解并重视各国的工会制度，做好风险评估与应对预案。在遇到矛盾时，应保持良好的谈判与沟通态度。同样面对"强硬型"工会，上汽集团采取强硬的态度，最终激化了矛盾；福耀玻璃则以退为进，选择张弛有度的谈判方式，为提高员工福利、缓和员工情绪投入100万美元，组织员工会议，积极听取基层员工的意见和建议，拉近与员工的关系。在员工情绪缓和后，福耀玻璃以"不接受变相保护工作效率低的人"为由，强烈拒绝工会进入工厂，最终成功化解了危机。

当然，在面对与工会的冲突时，中国出海企业还应坚持底线、主动出击。上汽集团为了平息一时的风波而选择妥协，无条件地满足工会的要求，最终签下无法完成的协议；而福耀玻璃始终摆明自身的底线，拒绝在工厂内建立美式工会。此外，中国出海企业还可以借助第三方缓和冲突。福耀玻璃一方面得到美国共和党的声援，取得一定的舆论优势；另一方面聘请美国反工会咨询组织帮助抵制工会入侵，这些举措对于解决工会冲突均取得一定效果，出海企业可以加以借鉴。

## 第三节　出海企业必须加强防范的五类风险

随着中国出海企业在海外的业务规模持续扩大，风险也随之变大。其中要重点关注五类风险：人身安全风险、合同管理风险、财务管理风险、内部腐败风险和技术泄露风险。

## 人身安全风险

海外抢劫、绑架、袭击等事件，给中国出海企业的员工构成了严重的人身伤害和财产损失。海信在拓展海外市场的过程中不止一次经历安全事件，海信集团高级副总裁朱聃甚至表示，"第一次被吓得目瞪口呆，后怕好几天；第二次心情平静；第三次已经可以和劫匪讨价还价"。一些国家甚至非法拘捕中国企业的高管，威胁其人身安全。2023年12月，印度执法局以"反洗钱调查"为由拘捕vivo印度公司多名高管，其中包括vivo印度公司的临时CEO和CFO。

中国出海企业在保障海外员工人身安全方面需要采取一系列综合措施。比如，一些中国出海企业构建"企业总部—直属单位—境外机构"的三级海外安全风险防范工作管理体系，确保前后方无缝对接、国内外分级管控，一旦有员工出现人身安全风险，能够迅速调动资源做出响应。大多数中国出海企业会为员工提供全面的海外安全培训，包括紧急情况下的应对措施等，以帮助员工更好地适应海外环境，提高应对突发情况的能力。此外，提前对出海目的地进行风险评估和安全评估也很重要。在派遣员工前往海外分部之前，中国出海企业应了解当地安全情况和存在的风险，并采取相应的措施降低风险，如为员工提供全球范围内的医疗保险和意外伤害保险以应对突发情况等。

中国出海企业还应建立海外安全应急响应机制，包括紧急联系人、应急预案和紧急救援措施等，以应对突发的安全事件。此外，中国出海企业可以借助第三方，充分利用安保公司、保险公司、中介机构、国际组织等资源，通过参加保险、外包或成为 SOS 国际救援组织会员等方式，将海外安全风险防范工作交由专业权威机构负责，接受 24 小时不间断的安全援助，确保员工能够安心工作。

**合同管理风险**

不同国家和地区的法律体系存在显著差异，增加了合同履行风险。合同双方不同的文化背景和商业习惯，也会导致对合同条款的理解存在差异，不同的解释可能会引发纠纷。比如一些商业惯例和贸易术语在不同国家和地区的适用性存在差异，就会导致履行合同时存在误解和争议。

华为早期在海外市场遇到的很多"坑"是因为对合同管理把控不到位造成的。比如 2009 年，印度 Videocon 集团旗下的 Videocon 电信与华为签订了一份价值 1.56 亿美元的合同，用于购买 2G 设备和服务，但在 2012 年，印度高级法庭取消了 122 张通过不合法拍卖取得的运营牌照，其中就包括 Videocon 电信的运营牌照。之后，Videocon 拒绝向华为支付 1.28 亿美元的余款。华为与对方多次协商未果后只能提起诉讼，但对方调动当地政商法各界资源，使得案件推进缓慢。直到2014年，在华为投入大量人力和资源后，才得以追回该款项。

因此，中国出海企业在开展海外业务时，必须注重合同管理风险，以确保企业的合法权益并降低潜在的法律风险。合同签订和履行过程中可能存在许多不确定因素，企业应从信用等级、履约能力、合同生效等方面注意签订合同以及后续的履约风险。合同变更与索赔处理也很关键，中国出海企业应提高对索赔的认识，防止因项目变更而造成严重损失。

对于合同管理风险，出海企业除了通过聘请专业机构辅助解决，还可以通过当地合作伙伴签署合同来减少自身的风险。华为现在非常注重合同管理风险，针对这一点提出了"被集成策略"。这一策略的核心在于华为将自己明确定位为信息与通读技术（ICT）基础设施提供商，并坚守边界不越界。在解决方案层面，华为专注于核心技术和产品，不涉足其他领域。华为的合作伙伴扮演与客户签约和服务的角色，将华为的ICT产品集成到它们的解决方案中。通过"被集成策略"，华为在一定程度上避免了潜在的法律风险。

**财务管理风险**

财务管理风险是跨国企业内部管理的核心环节，主要包括流动性风险、汇率风险、信用风险等。企业应建立健全的财务管理体系，确保资金安全有效使用。

对于流动性风险，企业应制订现金流管理计划，确保运营所需的资金充足；还应建立资金预警机制，监控现金头寸和资金缺口。对于大型投资项目，则需要进行详细的资金预算和风险评估。在汇率方面，跨国交易涉及多种货币，汇率波动可能导致汇兑损失。企业可以采用金融衍生工具，如远期合约、期权、掉期等对冲汇率风险，还可以通过调整结算货币和定价策略降低汇率敞口。在信用风险管理方面，应对客户和供应商进行资信评估，设定信用额度和付款条件；建立应收账款管理制度，及时跟进回款情况；对于高风险客户，则可以考虑预付款或信用保险等措施。此外，出海企业还需要注意财务信息系统的建设，采用先进的财务管理软件，实现财务数据实时监控和分析，并通过数据挖掘和预测模型等手段识别财务风险。

为了控制财务风险，海尔在全球设立了多个区域的财务共享中心，以实现跨区域资金的高效调配。在欧洲和北美市场，海尔通过集中管理账户，将多个子公司的资金池整合在一起，动态平衡子公司的现金流需求。

在国际贸易中涉及大量货币交易，特别是在共建"一带一路"沿线国家，其货币波动风险尤为显著。为此，海尔采用多种金融工具对冲汇率风险，利用远期外汇合约锁定未来汇率，确保出口收益稳定。同时，海尔还通过本地化结算策略，鼓励区域分公司与本地供应商和客户用当地货币进行交易，最大限度减少外汇交易的汇率敞口。此外，针对汇率波动剧烈的市场，如土耳其和阿根廷，海尔结合宏观经济分析制定灵活的定价策略，将汇率波动的影响部分转移到产品价格上。

海尔在信用风险管理方面采取了严格措施。例如，在非洲市场，海尔对所有客户进行资信评级，设置不同的信用额度和结算期限。对于资信水平较低的客户，要求其提供预付款或银行担保。为了进一步降低应收账款逾期风险，海尔与中国出口信用保险公司合作，为高风险地区的业务提供保障。通过这些措施，海尔不仅降低了潜在的坏账损失，还优化了全球市场的资金回流效率。一些出海到亚非拉地区的中国企业，非常注重对应收账款的管理，除了非常稳定且已建立信任的客户，其他客户一律先款后货。

**内部腐败风险**

中国出海企业同样需要注意建立完善的内控机制，加强审查，避免员工及管理层的贪腐行为对公司造成损害。

小米在海外市场曾遭遇两起严重的内部腐败事件，对公司声誉造成较大的影响。小米西欧地区总经理欧文涉嫌虚构外包业务，涉案金额巨大。小米对其进行辞退处理，并启动刑事及民事维权程序。小米拉美地区总经理陈丙旭因涉嫌向合作商索要巨额贿赂、收受名贵财物、接受奢侈招待等严重违规违纪行为被辞退，并被没收期权、赔偿公司损失。这两起案件给小米的出海之路蒙上一层阴影，小米之后采取了更加严厉的措施打击内部腐败，如开展针对内外部利益相关方的反腐宣传活动、要求供应商签署承诺函等，预防以及遏制腐败。此外，小米官方开放多个举报入口，包括廉洁举报平台、举报邮箱和举报电话等，全面覆盖全球员工、客户、投资人和合作伙伴。小米还在全球范围内实施举报人奖励制度，对于实名举报行为，一经涉案查处，将奖励对应金额。该举报平台覆盖60多个国家和地区以及60多种语言，面向全球员工、客户、投资人和合作伙伴提供全天候服务。

## 技术泄露风险

中国出海企业需要关注技术泄露风险。字节跳动在出海过程中建立了严格的信息分级管理制度，将核心算法、用户数据、运营策略等划分为不同的保密级别，避免因内部腐败引起技术泄露。针对涉及机密信息的项目实行"核心团队制"，只有经过严格审查的员工才能参与。在项目开发和运营中，字节跳动推行数据分权访问机制（Data Access Governance），确保员工只能获取与其职责相关的信息，杜绝非必要权限的滥用。此外，为防范数据泄露和违规使用，字节跳动开发了内部监控和安全审计工具，这些工具能够实时追踪数据的使用情况，对异常访问行为进行警报和阻断。字节跳动对员工的招聘和管理有着极高的要求。入职前的所有员工需要接受背景调查和行为评估，公司定期开展员工保密培训，尤其是海外分支机构，要求有合作关系的第三方机构（如广告商和云服务提供商等）签署严格的保密协议，并设立法律团队专门监督协议的执行。此外，字节跳动还采取激励和惩罚机制，奖励员工举报内部潜在的泄密行为，并对泄密事件施以严厉处罚。

第九章

# 中国企业出海如何处理合规问题?

字节跳动创始人张一鸣曾说："如果你是一个全球的平台级公司，责任就更大了。各国存在各种各样的环境，全球各地的政策、法规、文化差异非常大。作为一个全球平台，要遵守各国的法律法规，还要尊重各国的公序良俗。"

在出海过程中，中国企业普遍面临来自不同国家和地区在环境保护、公司治理、劳动用工、知识产权、数据隐私等方面的合规要求，稍有不慎，企业就可能陷入合规困境。华为、中兴通讯、字节跳动等多家企业曾在出海过程中面临合规问题，甚至遭到合规处罚。

因此，中国出海企业需要高度重视、审慎面对合规问题，深入了解当地法律法规、完善合规体系、建立合规团队、提高员工合规意识。如遇到合规问题，要积极寻求外部合作与支持，拿起法律武器积极应对，让合规成为中国企业在海外可持续发展的重要保障。

## 第一节　环境保护合规

环境保护作为全球性议题，一直是各国政府监管的重点。各国与环境保护相关的法律法规，对中国出海企业在海外的经营活动影响显著（见表9-1）。

以美国《有毒物质控制法》（TSCA）为例，该法规对工业化学品及其生产和流通过程等进行管理，对于已列入TSCA名录的物质，当生产或进口超过一定数量时，生产商或进口商需要定期向美国环境保护署提交物质暴露、使用等相关信息；对于尚未列入TSCA名录且未符合豁免要求的物质，企业必须在生产或进口前90日内向美国环境保护署提交预生产申报，在通过审核后才能进行生产或进口。十溴二苯醚常被用作电子设备电线电缆塑料外壳中的阻燃剂，受到TSCA的监管，这意味着TCL、海信、华为、小米等消费电子类企业必须按照TSCA的要求进行申报并接受审核，否则将触发合规问题。再比如，《欧盟电池和废电池法》对电池的全生命周期进行监管，要求电池生产商、新能源电动企业等电池相关企业对使用电池可能产生的环保问题负责，比亚迪、"蔚小理"、宁德时代、亿纬锂能等众多出海企业受到该法规的监管。

表9-1 部分国家和地区出台的与环境保护相关的法律法规

| 国家和地区 | 法律法规 | 监管目的 |
| --- | --- | --- |
| 欧盟 | 《关于限制在电子电器设备中使用某些有害成分的指令》(简称"RoHS指令") | 旨在限制电子电气设备中的铅、汞、镉、六价铬、多溴联苯、多溴二苯醚等有害物质，以保护人体健康和环境安全 |
| | 持久性有机污染物（简称"POPs"）法规 | 旨在限制和禁止某些持久性有机污染物的使用、生产和排放，如四溴二苯醚、甲氧氯等，以保护人类健康和环境 |
| | 《欧盟电池和废电池法》 | 规定了电池可持续和安全性，以及对标签、标识和信息的要求；针对将电池投放市场或投入使用的经济经营者，规定其电池尽职调查义务，以及生产者责任延伸（EPR）、废旧电池管理和电子护照等要求，从而规范了电池从生产、再利用到回收的整个生命周期 |
| 美国 | 《有毒物质控制法》（TSCA） | 对工业化学品及其生产和流通过程进行管理，建立了包括商用化学品报告、记录、跟踪、测试和使用限制等要求在内的一整套化学品管理制度 |
| | 《清洁空气法》 | 美国环境保护署通过制定国家环境空气质量标准（NAAQS）及国家有毒空气污染物排放标准（NESHAP）来控制和减少空气污染物的排放 |
| 英国 | 《生产者责任义务（包装和包装废弃物）法规》 | 要求生产者对其产品所产生的环境影响负责，包括包装、电气和电子设备（EEE）、电池和报废车辆（ELV）等，鼓励生产者减少产品产生的废物，促进其重复使用和处理，达到回收和再循环目标 |
| | 《废弃电子电气设备条例》 | |
| | 《报废车辆条例》 | |

资料来源：作者整理。

随着气候变暖问题日益受到重视，各国相继出台与碳排放相关的法律法规。例如，欧盟公布的《企业可持续发展尽职调查指令》（CSDDD）于2024年7月25日正式实施，要求企业监测并管控供应链的碳排放，通过碳定价机制来体现生产和消费过程中碳排放的成本，调查范围覆盖企业自身、子公司、直接供应商和有长期业务关系的间接供应商。该指令将逐步适用于欧盟地区的所有企业以及达到相同营业额门槛的非欧盟企业。自 2027 年起，员工人数超过 5 000 人、全球营业额超过 15 亿欧元的企业都将受到 CSDDD 的监管，且监管门槛将逐年提高。对此，部分中国出海企业开始加强对自身及供应链碳排放的监测和管控。例如，晶科能源借助数字化智能制造和可追溯供应链，实现了产品碳足迹的有效追溯。

不少中国出海企业曾因触碰环境保护合规问题而遭到当地政府部门的罚款，面临停产停工的风险，影响企业形象和品牌价值，引发公众抵制和社会信任危机等。

大华纺织在出海越南的过程中，因未按照越南当地法律规定将废水排至污水处理厂，而是将其排向雨水排放系统，导致当地水受到污染，对生态环境和居民的生活造成影响，被罚款 3.5 亿越南盾（约 10 万元人民币），并被要求立即采取措施消除污染。该项处罚公布后，引发当地民众热议并激起居民对企业的不满，部分民众甚至认为罚款过轻，主张根据 2017 年修订的《刑法典》，对企业责任方判处污染环境罪，该罪名最高可判处 7 年有期徒刑。

尔康制药在出海柬埔寨的过程中，因未按照当地法律规定进行污水治理，直接将工业废水排至河流，导致马德望河变黑、河中大量鱼类死亡。为此，尔康制药被当地相关部门处以超 40 万美元的罚款，并被要求在限期内恢复工厂及周边环境。同时，根据相关法律规定，若企业再出现类似排放污染物的情况，将会被额外处罚。除上述罚款外，柬埔寨环境部还要求该公司将工厂搬到离河流至少 10 千米远的地方。这无疑增加了企业的固定资产投入，加重了企业的资金压力，也充分表现出当地政府监管部门对企业的不信任。

## 第二节　公司治理合规

不同国家和地区对于公司治理的监管，主要是在公司注册、股权结构、资金投入、税务筹划、外汇管制等方面。企业在出海过程中需要明确当地的法律政策，避免合规风险。

在公司注册方面，有些国家和地区为维护本土经济利益和市场秩序，明确规定在当地开展业务需要在当地注册公司。例如，外国公司在沙特开展业务需要设立本地实体（如子公司、分公司）或区域总部（RHQ）并取得商业登记证（CR），否则将无法与沙特政府或任何当地机构、基金等签订合同。

在股权结构方面，部分国家对股权结构，特别是代持股权，会加以限制。其中，泰国和印度尼西亚的法律明确禁止代持股权，该地区的中国出海企业需要对此进行规避，以免带来法律风险。以泰国的法律为例，代持股权最高可处以 3 年监禁或 10 万~100 万泰铢罚款。美国、日本、英国等虽未明确禁止代持股权，但要求企业对代持股权的情况进行严格的信息披露，并在证券市场上全面禁止代持股权的行为，这就意味着企业若在这些国家发行股票或债券等金融产品，则需要避免代持股权的行为。

在资金投入方面，为了促进本土经济的发展，部分国家对于资本数额和缴付比例均有要求。以印度尼西亚为例，印度尼西亚《公司法》规定外商投资企业的规模不得低于100亿印尼盾（约449万元人民币），公司的最低已发行资本和实收资本也应达到100亿印尼盾（不包括土地和建筑物的价值），且公司每拓展一个新的业务领域时，都需要额外增加100亿印尼盾的投资。公司实缴资本占比要在25%以上，而且需要提供有效的出资凭证，出资凭证需要在协议签署之日起60日内以电子方式提交给印度尼西亚法律和人权部。中国出海企业进入海外市场时要特别注意对资本投入的要求及限制，以免面临合规风险。

税收缴纳同样是中国出海企业需要特别注意的合规问题之一。出海企业可能面临多个国家和地区的税收管辖权冲突，如果不加以注意，导致出现双重征税或税收漏洞，将给企业经营埋下隐患。中国能源建设集团广东火电工程有限公司曾因境内外计税差异产生双重征税，被印度尼西亚执行行政罚款4 128万元，虽然该公司随后报请就双重征税事宜进行协商，并向税务法庭提请就税务争议上诉，但最终未取得理想结果。即使在同一个国家，不同地区的税收政策也存在差异，企业需要仔细确认并遵守。例如在美国，内华达州、华盛顿州、俄亥俄州等免企业所得税，北卡罗来纳州企业所得税税率为2.5%，新泽西州企业所得税税率一度高达11.5%。复杂的税率政策加大了企业合规的难度，也增加了企业触及合规问题的风险。2024年1月，一家中国企业通过亚马逊平台进行线上交易，因不清楚企业与亚马逊平台的缴税责任划分以及地区税收政策，收到美国税务部门的《税款缴款通知书》，被要求补缴2016—2021年的销售税及30%的罚款，共计237万美元（约1700万元人民币）。巴西是拉丁美洲最大的市场，因其复杂的税制而有"万税之国"之称，出海企业在巴西经营时，甚至需要追溯过去十几年的税法规定。中国出海企业倘若对这些法律法规缺乏了解，或者在执行过程中有疏忽，都极有可能面临巨额罚款、法律诉讼，甚至使业务中断。

在外汇管制方面，中国出海企业应确保在对外投资和经营的过程中，既要符合中国对外投资法律法规，又要符合目的地国家和地区的外汇管制要求。在双重监管下，企业需要谨慎选择出海目的地，以免出现外汇限制过低、难以支撑企业正常经营运转的情形。印度、泰国、巴西、委内瑞拉等发展中国家都实行严格的外汇管制制度。委内瑞拉自2003年2月开始实行外汇管制，取消并禁止外汇自由兑换。申请用汇的进口商（自然人或法人）须到外汇管理委员会（CADIVI）进行外汇管理体系用户登记（RUSAD），由该委员会颁发进口商登记证，进口商凭此证申请用汇。在得到用汇许可之前，进口商不准通知出口商发货。2019年，虽然委内瑞拉政府宣布结束外汇管制并推出"外汇交易平台"，但因美元储备枯竭和黑市主导，政策效果微弱。

而在巴西，外国企业或个人不能开设外汇账户，外汇进入巴西后需要折算成当地货币才能提现，这意味着中国出海企业更容易受到外汇汇率波动的影响，也需要采取更多的手段避免潜在的外汇风险。在印度，企业赚取的外汇收入必须经过印度央行的批准才能转移出境。这一过程不仅烦琐，而且经常导致企业无法及时将资金转移出境，从而影响出海企业的运营和发展。

## 第三节　劳动用工合规

不同国家和地区的劳动法规差异非常大，也比较复杂，普遍严格保护雇员利益，中国出海企业一定要注意在劳动用工方面的合规要求，否则会招来麻烦。

**招聘合规**

中国出海企业要高度重视员工招聘环节的平等性和公平性。许多国家和地区已对此设立了完善的法律体系，包括反歧视法、公平法案等，以杜绝企业因应聘者的个人属性而引发不公。例如，加拿大设立了《人权法》《就业平等法》等，英国设立了《同酬法》、《性别歧视法》、《种族歧视法》（2010年颁布为《平等法》）等，美国设立了《民权法案》《遗传信息非歧视法》《就业年龄歧视法》等，禁止雇主因种族、国籍、宗教、性别、年龄等原因进行歧视。

根据《环球时报》援引《福布斯》的消息，2024年8月，台积电遭到其美国子公司共13名员工的集体起诉，这些员工指控台积电存在"反美歧视"并提出索赔。他们称台积电在招聘与工作中重用来自中国台湾地区的员工以及其他华裔员工，并且更倾向于能说和能写中文的员工，例如，2023年台积电亚利桑那工厂的2 200名员工中，半数以上来自中国台湾地区。

中国出海企业还需要关注本地员工与外派员工的平衡。不少国家和地区为了保障本国劳动力市场的稳定，会对外资企业的人才选择加以限制。以波兰为例，当地法律明确规定企业在招聘时应优先雇用当地劳动者，尤其是在失业率较高的地区。若企业大量雇用外国员工，则可能引发政府的审查，需要企业证明本地没有合适的候选人。阿联酋对企业雇用外籍员工有严格的配额制度，要求企业每雇用50名外籍员工，就必须雇用1名阿联酋籍员工；此外，所有拥有50名以上员工的企业，必须以每年2%的比例招聘阿联酋籍员工。企业每少雇用1名阿联酋籍员工，将被处以每月至少6 000迪拉姆（约11 860元人民币）的罚款，罚款金额将逐年增加。

**用工合规**

企业在出海过程中还应保证用工规范，如保证员工工作场所安全、提供符合标准的工资福利等。

各国法律普遍规定用人单位有责任确保员工在工作期间的安全。例如，英国法律规定雇主必须提供一个安全的工作环境，并向所有员工提供必要的培训和防护设备；美国职业安全与健康管理局（OSHA）保障员工在工作场所的安全和健康权益，要求用人单位为员工提供必要的劳动保护用品和设备，保障员工的身体及心理健康。若企业无法保障员工的安全，则可能面临罚款甚至停工调整等风险。美国加州劳工专员办公室曾因亚马逊仓库违反一项保护仓库工人的法律，而对亚马逊处以590.17万美元（约4 287.8万元人民币）的罚款。

各国薪资福利方面的标准各不相同。以工作时长为例，英国规定雇员的标准工作时长为每天8个小时、每周40个小时，雇员平均每周工作时间不能超过48个小时，但雇主可以要求雇员以书面形式提出退出每周48个小时的工作时长限制；在意大利，员工每周工作时长为40个小时，每年加班时间不能超过250个小时，每工作24个小时必须连续休息11个小时，16岁以下的员工每天的工作时长不能超过7个小时，16岁至18岁的员工每天的工作时长不能超过8个小时等。

此外，中国出海企业还需要注意外派员工身份的合规性，如工作许可及居留许可等，如果外派员工没有取得对应的许可或许可过期仍继续工作，则雇主可能面临罚款或监禁，甚至将员工驱逐出境。

## 解雇合规

随着业务不断调整,中国企业在海外经营过程中必然会面临员工解雇问题,这时尤其要保证解雇员工的合规性,需要谨慎处置,对解雇条件等加以全方位考量,避免出现不合规的问题。

巴西的《劳动法》(CLT)对解雇员工有严格的程序和条件要求,企业若要解雇员工,通常需要有充分的理由,比如员工严重违反公司规章制度等,并且要提前通知员工;对于无正当理由的解雇,企业需要支付高额的赔偿金。沙特法律规定企业不得在员工休产假期间解雇员工,不得在员工因怀孕或分娩而休病假的180天内解雇员工等;英国视以下行为为非法解雇,比如基于性别、种族、宗教或残疾等个人特征歧视的解雇,因员工行使法定权利的报复性解雇,以及未经合理通知期的解雇等。

如果企业忽略解雇员工的合规性,就可能引发社会争议,严重时还可能面临法律纠纷。例如,中国南方航空公司曾因加拿大温哥华办事处一名员工不能胜任工作为由将其解雇。随后该名员工通过司法途径维护自身权益,主审法官认为南航不仅在没有提前通知的情况下立即解雇原告,而且对原告的指控缺乏证据支持。此外,主审法官认为南航为了逼迫原告辞职,对原告进行了多种不公平的批评和工作处置,最终判处南航败诉,支付工资及赔偿金共计20.8万加元(约105.2万元人民币）。

中国出海企业要特别注意与并购、重组相伴而生的大规模员工辞退问题，特别是在欧美等发达国家，这些国家用工成本较高、劳工保障体系成熟，企业可能面临员工辞退难、安置费用高等挑战。比如 TCL 曾在 2006 年重组汤普森欧洲业务，据报道，TCL 预计支付 4 500 万欧元，用于员工安置等在内的终止业务的相关支出。一旦因大规模辞退引起诉讼，将给中国出海企业在海外开展业务带来非常大的威胁。

## 第四节　知识产权合规

知识产权已成为企业核心竞争力的重要组成部分，构成企业出海的隐形战场。越来越多的中国出海企业面临知识产权合规的挑战，经常陷入知识产权纠纷。以中国企业在美国面临的知识产权纠纷为例，2022 年新立案件共 986 起，同比增长 14.39%。根据中国知识产权研究会、国家海外知识产权纠纷应对指导中心发布的《2022 中国企业在美知识产权纠纷调查报告》，商标诉讼 718 起、专利诉讼 287 起、商业秘密诉讼 18 起，共涉及企业 9 569 家，同比增长 75.06%，其中 98.16% 的中国企业为被告。

从涉及类型上看，中国出海企业面临的知识产权合规问题主要包括商标、专利、版权以及商业秘密保护等。除此之外，在生成式人工智能兴起之后，版权合规也逐渐成为中国企业出海可能面临的风险。

**商标合规**

中国企业在海外可能由于侵犯其他企业的商标权而面临商标合规的挑战。例如，美国知名潮流品牌 Stussy 起诉 SHEIN，称 SHEIN 在没有获得授权的情况下，将 Stussy 的商标广泛用于自己的服装和鞋品上，Stussy 认为 SHEIN 的商标侵权行为是"明知且故意"的，用相近的商标来混淆并误导消费者。这一商标侵权纠纷对 SHEIN 的品牌形象及其在美国的经营都造成了不利影响。

此外，中国企业在海外可能面临商标被抢注的风险。基于知识产权的地域性，在中国注册的商标在其他国家并不具有保护效力，因此同样需要在当地申请注册商标。正是由于这种地域限制，一些在中国已经完成注册的商标在海外可能会被别人抢注。一旦商标被抢注，企业不仅会面临诉讼风险，还需要承担购买商标或建立新商标的高昂成本，对企业品牌塑造和业务开展造成不利影响。

例如，瑞幸商标被泰国皇家 50R 集团抢注事件就是一个典型案例。瑞幸成立于 2017 年 10 月，成立不久便产生了出海的想法。2019 年，它宣布和中东地区最大的食品制造及销售公司 Americana 集团签署战略合作框架协议，双方计划共同设立合资公司，在大中东和印度地区开展咖啡新零售业务。2021 年，瑞幸提出"审慎开拓海外市场"的战略。然而，2020 年泰国皇家 50R 集团在泰国抢注了"Luckin Coffee"商标，该商标与瑞幸的商标非常像。瑞幸发现后，于 2022 年向泰国中央知识产权与国际贸易法院（IP&IT 法院）提起诉讼，指控 50R 集团恶意注册商标。瑞幸咖啡取得一审胜诉，但 50R 集团提起上诉后，法院于 2023 年 12 月推翻了一审决定，判决 50R 集团胜诉。50R 集团进一步向法院提起诉讼，要求法院判决中国瑞幸咖啡就此前侵权诉讼费用及相关经营损失等赔偿 50R 集团 100 亿泰铢（约 20 亿元人民币）。基于这次事件，瑞幸至今未能出海泰国，直接影响其对泰国市场的布局。瑞幸如果能够在出海之前提前规划，在重点国家和地区注册商标，可能就不会陷入这一困境。

**专利合规**

我国很多企业在发展过程中缺乏技术专利意识，导致在海外面临专利侵权等问题，影响企业产品在海外的发展。

2018 年 7 月，美国国际贸易委员会（ITC）行政法官裁定海能达侵犯了摩托罗拉 4 项专利，并建议根据相应条款对海能达涉及侵权的产品颁布有限排除令和制止令。2021 年 6 月，OPPO 与诺基亚未能就 5G 专利许可协议达成一致，诺基亚在德国对OPPO提起侵权诉讼。2022年8月，法院裁决OPPO侵犯诺基亚的两项技术，并对OPPO及其子品牌OnePlus下达了销售禁令，OPPO因此退出德国市场。与之类似，2023年4月，德国曼海姆地区法院裁决vivo侵犯了诺基亚的三项技术，并对vivo下达禁令，vivo因此退出德国市场。

我国不少医疗设备企业在出海过程中，也曾面临海外竞争对手发起的专利诉讼，给海外市场拓展带来不利影响。比如华大智造自2019年起在美国等20多个国家和地区受到Illumina发起的专利诉讼，虽然华大智造在2022年赢得了关键诉讼，并与Illumina共同决定未来三年内就美国境内的所有未决诉讼达成和解，但这些诉讼明显延缓了华大智造的出海布局和进程。

## 版权合规

中国企业在出海时使用的音乐、图片、软件等可能涉及版权问题，未经授权而使用可能招致法律风险并引发合规风险，进而影响企业的品牌形象甚至业务发展。

过去几年，SHEIN在海外深陷多起版权侵权诉讼，ZARA、H&M、UGG、LeviStrauss、Stussy、Oakley、TribeTropical、DollsKill等国际品牌以及独立设计师群体，都指控SHEIN盗用其产品设计，甚至连全家便利店也指责SHEIN抄袭其一款冰激凌产品的视觉元素。这些版权纠纷对SHEIN的品牌形象造成了不利影响。名创优品曾与 LV、乐扣乐扣、曼秀雷敦等国际品牌有过外观设计版权纠纷，也影响了品牌声誉和海外发展。

平台企业出海可能面临的版权纠纷值得被特别强调。平台上商家的合规意识不一样，而平台作为这些商家的聚焦地，往往需要承担商家侵权所引发的连带责任，与商家共担合规风险。Temu 曾因侵犯亚马逊卖家版权面临诉讼，亚马逊卖家 FitBeast 将 Temu 告上法院，指控 Temu 及其卖家侵犯其版权，并给其销量造成了损害。"在看到 FitBeast 运动器材的成功后，Temu 及其卖家复制并销售了相同的产品，这是对我们商业成果的窃取。"FitBeast 在诉讼文书中这样指出。这些版权合规问题不仅暴露了 Temu 管理体系的漏洞，还可能引发海外消费者对于平台企业的不信任。

**商业秘密合规**

近年来，中国企业在海外频频遭遇商业秘密泄露纠纷，面临合规挑战。在美、英、德、日四国商业秘密纠纷案件中，涉中国企业的案件从 2018 年的 30 件增长到 2022 年的 46 件。不同国家的法律对商业秘密所涵盖的范围具有不同的解释与要求，因此中国企业在出海过程中需要审慎考虑当地法律体系对于商业秘密范围的认定，从而降低合规风险。

2017 年 3 月，摩托罗拉起诉海能达商业秘密侵权行为，指控前工程师在跳槽海能达公司之前，窃取了数千份机密技术文件和数百万行源代码。2020年3月，法院一审判决海能达公司构成侵权并适用惩罚性赔偿，赔偿数额高达7.65亿美元，虽然法院后续对赔偿数额进行了调整，但是仍高达5.43亿美元。一审判决两个月后，海能达在美国的三家子公司主动向美国法院申请破产重整。2022年2月，美国司法部以窃取商业秘密为由，正式对海能达公司及其部分员工提起刑事诉讼。

鲁西化工曾就低压羰基合成技术与戴维、陶氏进行接触并签订保密协议，但后续三方未能达成合作，鲁西化工最终采购了其他竞争对手的技术。戴维、陶氏依据英国法律对鲁西化工提起诉讼，认为鲁西化工没有按照法律规定对协议内的公开信息保密；而鲁西化工则援引中国法律予以反击，认为三方签订的保密协议中大部分是公众广泛知晓并可以获得的信息，不应作为商业秘密予以保护。最终，鲁西化工被裁决赔偿约7.56亿元。

## 第五节 数据合规

近年来，各国对数据安全和隐私保护不断加强，全球范围内围绕数据安全和个人隐私方面的立法日渐完善。根据联合国贸易与发展会议（UNCTAD）统计，全球77%的国家已经完成数据安全和隐私立法，并已经提出法律草案。

随着数字经济的快速发展，在出海过程中，数据合规处理较好的企业更容易获得客户的信任；相反，处理不好的企业可能会面临当地监管机构的惩处，给企业声誉、经营管理等造成负面影响。以欧盟为例，根据盈理律师事务所统计，截至 2023 年 7 月，欧盟援引《通用数据保护条例》进行的罚款累计达 40 亿欧元，罚款次数累计达 1 770 次。因此，中国出海企业要注重数据合规管理，具体包括数据采集、数据存储、数据传输、数据使用四个环节。

**数据采集合规**

中国出海企业不能随意收集用户数据，必须根据相关法律及行业准则确定数据采集的内容，在得到所在地国家备案以及用户授权后再进行数据采集。

在智能驾驶、地图服务、物流导航等领域，数据采集扮演着关键角色，如道路状况、地理位置、交通信息等数据采集和分析，直接影响这些应用的使用效果和体验。然而，这些数据中往往包含重要的基础设施、军事设施等敏感数据，未经授权的数据采集会引发严重的合规风险，甚至威胁国家安全。2023 年 11 月 15 日，美国国会议员小组向百度、AutoX、元戎启行、滴滴出行等 10 家在美国进行自动驾驶汽车测试的中国公司发出质询，共计 13 个问题，其中就包括在美国进行汽车测试期间收集的数据情况。

由于不同国家对数据授权时长规定不一，即使在获得数据采集方的授权后，企业也要明确数据采集的授权时长，并根据目的地国家的要求定期进行授权更新，确保企业数据采集持续合规。以 Cookies 等技术工具为例，不同国家对其授权时限有不同的规定：法国要求至少每 6 个月重新获取用户对于 Cookies 的同意，而西班牙则建议至少应为每 24 个月。

**数据存储合规**

一些国家基于数据主权的考虑，对跨境数据存储进行了严格限制。

一方面，企业需要明确所在国家对于数据存储地点和时间等方面的限制。在数据监管趋严的当下，越来越多的国家要求数据本地化存储。欧盟地区明确要求企业必须将本国公民的数据存储在境内的数据中心；越南要求将用户数据存储在本国国内，并设立当地实体机构；马来西亚规定企业所采集的公民数据必须存储在境内的服务器中；俄罗斯要求必须将用户个人数据存储在境内。

另一方面，企业还需要保障存储数据的安全性，以免因数据存储不当造成数据隐私泄露并引发合规问题。通常情况下各国会设置数据安全标准，要求企业通过数据加密、访问、控制等方式保障数据存储的安全。若企业因未遵守安全标准而造成数据泄露，则可能引发客户的不信任，甚至要承担法律责任。

**数据传输合规**

中国出海企业还需要特别注意数据使用过程中可能涉及的跨境传输问题。

目前，越来越多的国家和地区对数据跨境传输做出限制。例如，日本《个人信息保护法》要求原则上不允许个人信息跨境传输，除非获得信息主体的同意或采取合规路径。它规定信息运营商向国外第三方提供个人信息数据时，除征得本人同意外，还应向本人提供接收国个人信息保护制度，且第三方需要采取与日本同等的个人信息保护措施。欧盟《通用数据保护条例》限制境内个人数据的境外传输，《数据法案》进一步将数据跨境监管扩大至非个人数据领域。

**数据使用合规**

中国出海企业在使用数据时，应当遵守与用户的约定，在用户授权范围内使用数据，若一味追求企业利益最大化而非法使用数据或授权第三方使用，则可能会面临数据使用不合规问题。

2024 年 7 月，跨境电商平台全球速卖通因违反韩国《个人信息保护法》，被韩国个人信息保护委员会处以近 19.8 亿韩元罚款。据官方通报，此次罚款的主要原因在于全球速卖通在未取得韩国用户明确同意的情况下，将大量用户的个人信息泄露给约 18 万个海外卖家，用于运送订购的产品。该行为严重违反了韩国《个人信息保护法》的规定，即用户信息必须经用户同意，并明确告知数据使用方的国别、姓名及联系方式等信息才能被使用。

随着人工智能生成内容（AIGC）大模型的广泛应用，关于数据使用的问题也引起一些争议。大模型企业普遍在隐私条款或用户协议中明确表示，使用过程中会收集用户输入的信息，用于优化模型本身的性能；而大模型采集用户数据，则可能会大规模侵犯用户的隐私。

## 第六节　做好合规工作的六个措施

合规是企业在出海过程中不可避免的重要问题，中国出海企业应深入了解当地法律法规，构建完善的合规体系，建立专业的合规团队并明确合规负责人。此外，中国出海企业还要不断提高员工的合规意识，积极寻求外部合作与支持，全面重视合规风险。当然，当真正面临合规纠纷时，企业也应拿起法律武器积极保护自己的合法权益。

## 深入了解当地法律法规

华为一直强调恪守商业道德、遵守国际公约、遵守业务所在国的法律法规，这是华为全球化合规运营的基石，也是华为管理层一直秉持的核心理念。

中国企业出海，首先需要深入了解出海目的地国家和地区法律法规的核心精神和执行细则，理解背后的立法意图。同时，出海企业还应细致比较国内外法律法规的差异，以此清晰地识别哪些是国内已经熟悉并适应的规则，哪些是在出海过程中面临的新要求或限制，从而有效避免因不熟悉法律法规而引发的合规风险。

以劳动用工合规为例，中国出海企业需要充分调研目的地国家和地区的劳动法规，明确用工形式、薪酬待遇、工作时长、休假机制、考核机制以及劳动保护等关键规定。例如，沙特阿拉伯为保护当地民众的就业率，自 2023 年 12 月 24 日起，沙特本地化用工比例（简称"沙化率"）的要求正式生效，私人部门需要按照行业和规模雇用一定比例的沙特国民，其中销售、项目管理、采购等岗位的"沙化率"要分别达到 15%、35% 和 50%。基于此，晶科能源、TCL 中环、协鑫集团等企业在建立海外公司或生产基地的过程中都十分注重人才结构的调整和布局，加大本地人才的招聘和引入，构建本土化人才队伍，以确保劳动用工的合规性。

## 构建完善的合规体系

在深入了解当地法律法规后,企业还必须以当地法律体系为依据,完善自身的合规体系,以系统性避免企业在出海过程中可能面临的合规风险,确保企业在海外市场的稳健运营和可持续发展。

华为是较早针对全球化业务建立合规体系的中国出海企业。华为先将合规要求融入公司各类政策与业务流程之中,再将合规管控端到端融入业务流程中,实现对采购、研发、销售、供应、服务等各个业务环节的合规管理与监督;同时,华为结合外部法律法规及自身业务场景的变化,全面识别和评估风险,制定相应的管控策略并落实到流程制度中。

健全的合规体系为美的出海保驾护航。美的不仅会定期梳理和更新业务所在国家和地区的法律法规要求,还将合规管理融入公司运营的各个环节,包括产品研发、生产制造、市场营销、客户服务、供应链管理等,制定相应的合规流程和操作指南,明确各部门和各岗位的合规职责。同时,美的致力于借助数字化工具实现合规管理的自动化,通过开发工具和模板提升合规管理的标准化水平,确保合规实践的一致性和可追溯性,进一步提高合规管理的效率。

## 建立专业的合规团队并明确合规负责人

面对不同国家和地区的法律法规、商业环境等复杂因素，中国出海企业需要建立一个专业的合规团队，来帮助企业规避和处理出海过程中可能涉及的法律风险。除此之外，企业还应将责任落实到人，确保每个地区业务涉及的合规问题能够被准确、有效地解决。

华为不仅任命首席合规官统筹管理公司对外合规事务，还在各业务部门、全球各子公司设置合规官并成立合规组织，负责合规工作。针对贸易合规、网络安全、用户隐私保护、反商业贿赂等跨业务、跨区域协作的领域，华为特别成立了专项合规管理组织，进行体系化的管理。目前，华为在全球的130多家子公司都在逐步选拔、任用首席合规官，并设立监督型董事会，对海外子公司的合规运营进行管理和监督。

TCL任命法务部部长全面负责集团出海过程中的法务合规工作，并建立由总部、产业和区域人员共同组成的法务与合规团队，形成跨专业、跨地域的快速响应团队。亿纬锂能除了任命总法律顾问作为出海业务的总合规负责人，还建立了三个分工协同的法务团队，即支持"产品出口"的涉外法务团队、支持"产业链出海"的国际投资法务团队以及海外驻地法务团队。在全球法务管理架构上，亿纬锂能以垂直集中的模式对全球性业务合规进行管理，由海外驻地法务部门直线向总公司法务部门汇报。

## 提高员工的合规意识

对员工进行合规文化的宣传和培训，提高各层级员工对于公司内部治理的合规意识，能够帮助中国出海企业在一定程度上避免合规风险。

华为重视并持续提升员工的合规意识，定期通过培训、宣传、考核、问责等方式，使员工充分了解合规方面的责任和义务，确保其融入每一位员工的思想意识与行为习惯之中。除此之外，华为还加强对供应商、合作方的合规管理，避免第三方合规风险殃及自身。

小米在出海过程中十分注重合规文化的宣传，积极开展合规培训和宣讲，帮助海内外员工深刻理解合规重点，提升企业内部的合规文化。在宣讲过程中，小米不仅对具体的法律法规进行讲解，还结合当地的实际业务场景及案例，系统性剖析企业内部的合规要求及指导，提高各层级员工在公司治理方面的风险意识。2023年，小米面向海外分公司的员工进行了多场合规培训，覆盖印度、泰国、马来西亚、尼泊尔、波兰、西班牙、葡萄牙等国家。

三一重工在出海过程中，全面对员工进行合规方面的培训。三一重工为员工提供关于目标国家劳动法规、文化习俗、语言等方面的全面培训课程，强化合规意识，帮助避免因规定不同而引发合规风险。

## 积极寻求外部合作与支持

中国企业在出海过程中还应注重与各国政府主管机构、客户及合作伙伴展开积极、开放的交流与合作，主动引入外部顾问对重点合规问题提供帮助。

企业可以借助外部游说、关系维护等方式加强与政府监管部门的沟通，通过合法合规的方式争取当地政府的支持，营建良好的经营环境。近年来，TikTok 不断加大游说力度。根据美国政治捐献数据库（Open Secrets）的统计，2019—2023 年，TikTok 的游说费用从 27 万美元增长到 874 万美元，暴涨超过 30 倍。从说客人数来看，2019—2023 年从 17 人增长到 45 人。例如，保守派团体"成长俱乐部"（Club for Growth）正在资助特朗普前高级助手凯莉安·康威游说国会，强调封禁 TikTok 可能会带来疏远年轻人、少数族裔和女性选民等负面影响。

在劳动用工方面，我国不少出海企业通过委托 EOR 来管理劳动用工关系、薪酬制度、税务申报等事务，以此保障用工合规。EOR 通常已经在目的地国家建立了完善的雇用服务体系，合作企业可以通过它们快速雇用本地员工，避免自行建立劳动关系所耗费的时间和成本。同时，EOR 熟悉当地的法律法规，能够帮助企业避免法律风险，确保合规经营。此外，EOR 还可以帮助企业简化用工管理，协助企业进行薪酬管理、税务申报等烦琐工作，让企业更专注于业务拓展。公开数据显示，2023 年 EOR 行业的全球市场规模为 48 亿美元，预计复合年增长率为 16.7%，到 2028 年，市场规模有望达到 100 亿美元。目前已有猎聘、英特利普、ChaadHR、万领钧等多家人力资源企业提供全球 EOR 服务，帮助企业规避用工不合规的问题。

## 借助法律手段维护自身权益

中国出海企业在面临合规纠纷时要勇于应对，对外寻求专业人士的支持，借助法律手段维护自身权益。

以知识产权中的专利和商标纠纷为例，我国的通领科技、华为、正泰科技等企业曾遭遇美国"337 调查"或专利诉讼，这些企业均积极应诉，在律师的帮助下，通过专利无效、反诉侵权等手段赢得诉讼，向海外市场证明了自身的技术能力，维护了在海外市场的形象。洽洽食品因英文商标"ChaCheer"和品牌标志"洽洽"被一家德国公司抢注，开启了一场艰难的海外维权之路，最终历时 7 年才夺回海外商标所有权。

# 后　记

本书通过系统性研究和多案例比较，对中国企业出海普遍面临的挑战进行了归纳与分析，涵盖产品、渠道、品牌、供应链、人才、文化、组织能力以及合规等多个方面。

通过阅读本书，读者可以深入理解当下中国企业走出去的新趋势、新挑战，领会中国企业在海外市场经营应具备的思维方式和应采取的战略举措，掌握出海过程中产品、渠道、品牌、供应链、人才、文化、组织能力以及合规等维度的关键要素与核心逻辑。更为重要的是，本书是对中国出海企业标杆案例的研究，读者可以从具体实战情景中汲取经验或教训，从而理解企业自身如何为在海外的可持续发展奠定坚实基础。

随着外部经营环境的变化和竞争加剧，中国企业出海不存在一劳永逸的模式，而是面临一个持续迭代、优化和学习的过程。中国出海企业势必更加重视全球化体系能力建设，而不再仅仅依靠产品或单点业务出海。在全球范围内整合资源的能力，将成为中国出海企业的重要核心能力之一。此外，随着生成式人工智能等数字技术的快速发展，中国出海企业可在出海过程中加以有效的应用，以帮助企业更好地降低成本、提高效率、有效管控，甚至创造出新的商业模式与价值增长点。

结合对众多出海企业的研究与观察，我和我的团队想在此特别强调，出海必须是"一把手"工程。企业出海的复杂程度和难度，使出海战略必须从顶层推进。最高决策层需要亲自推动、持续重视、深度参与，企业"一把手"不能做甩手掌柜。

中国企业出海是时代发展的必然选择，既是巨大的机遇，也面临深刻的挑战。希望读者能够通过本书，系统理解中国企业出海的复杂性与动态性，从案例实践中汲取经验并不断迭代。

我们期待更多的中国企业能在全球舞台上行稳致远，持续实现价值创造以及长期竞争力的提升，续写中国企业发展的新篇章。

董伊帆、刘晓晨、孙德馨为本书的研究做了大量的工作，尤其是董伊帆承担了大量协调工作，邓怀宇也参与了后期研究工作。

感谢为本书提供帮助和指导的学者、企业家和高管们，感谢中信出版社编辑们的卓越工作，感谢所有为本书提供支持的朋友。

# 参考文献

1. 艾媒咨询. 2023—2024 年中国企业出海发展研究白皮书［R］. 2023.

2. 百炼智能数据, 36 氪研究院. 2024 年中国产业出海发展研究报告［R］. 2024.

3. 国金证券研究所. 企业出海系列（Ⅱ）：投资我国出海机遇的三条线索［R］. 2024.

4. 麦高证券. 中国经济发展的新驱动：从出口到出海［R］. 2024.

5. 中国信通院. 中资出海企业数字化发展（亚太）蓝皮报告（2024 年）［R］. 2024.

6. 东海证券. 2024 宏观视角看中国企业出海系列一：高质量发展阶段中国企业出海的新趋势［R］. 2024.

7. 谢秋伊. 出海"卷王"如何管理"懒散"员工？［EB/OL］. 上海：澎湃新闻, 2024-8-3［2024-12-13］. https://baijiahao.

baidu.com/s?id=1807240791374661340&wfr=spider&for=pc.

8. 王硕.报废共享单车重量相当5艘航母用钢，饱和的它们将"何处安放"？［EB/OL］.北京：人民日报，2018-8-22［2024-12-10］.https://baijiahao.baidu.com/s?id=1609509244534676855&wfr=spider&for=pc.

9. 陈晶.晚点LatePost.霸王茶姬将在美国开店，茶饮出海的三大难关［EB/OL］.北京：晚点LatePost，2024-11-25［2024-12-13］.https://baijiahao.baidu.com/s?id=1816708100302555762&wfr=spider&for=pc.

10. 增长黑盒Growthbox.万字拆解名创优品出海：本土化挑战、品牌溢价与电商危机［EB/OL］.北京：钛媒体APP，2024-7-26［2024-12-9］.https://baijiahao.baidu.com/s?id=1805649084464649911&wfr=spider&for=pc.

11. 品牌出海.《速卖通》跨境电商之北美市场［EB/OL］.2024-10-19［2024-12-8］.https://baijiahao.baidu.com/s?id=1813303541784477121&wfr=spider&for=pc.

12. Jastra Kranjec. Temu Shopping App Hits Over 735 Million Downloads; Monthly Downloads 3x Higher than Amazon's（Temu购物应用下载量突破7.35亿；月下载量比亚马逊高出3倍）［EB/OL］.美国：Stocklytics，2024-9-16［2024-12-9］.https://stocklytics.com/content/temu-shopping-app-hits-over-735-million-downloads-monthly-downloads-3x-higher-than-amazons/.

13. 现代物流报社，中物汇成工程技术研究院，掌链网."世界工厂"的供应链挑战与应对——2024年中国首席供应链官调查报告［R］.2024.

14. 北京出海领航国际管理顾问有限公司，中国机电产品进出口商会.2023年度百家中国制造企业出海调查报告［R］.2023.

15. 高洪浩，李晓蕾.谁在管理TikTok：没有中心的网状组织、字节的全球化构想［EB/OL］.北京：晚点LatePost，2022-4-8［2024-12-07］.https://baijiahao.baidu.com/s?id=1729459971486635798&wfr=spider&for=pc.

16. 刘利平.出海：联想全球化20年实战方法论［M］.北京：中信出版社，2024.

17. 小米公司.Xiaomi Corporation 2023 Task Force on Climate-related Financial Disclosures Report（小米公司2023年气候相关财务披露工作组报告）［R］.2024.
https://cdn.cnbj1.fds.api.mi-img.com/staticsfile/svhc/2023%E5%B9%B4%E5%8F%AF%E6%8C%81%E7%BB%AD%E5%8F%91%E5%B1%95%E7%BD%91%E7%AB%99/Xiaomi%20Corporation%20TCFD%20Report.pdf

18. 第一财经.TikTok剥离法案转至参议院 CEO 周受资将到访国会进行游说［EB/OL］.上海：第一财经，2024-3-14［2024-12-10］.https://baijiahao.baidu.com/s?id=1793458538668046014&wfr=spider&for=pc.

19. 中国知识产权研究会，国家海外知识产权纠纷应对指导中心.2022年中国企业在美知识产权纠纷调查报告［R］.2023.

20. 杨培雷.跨国公司经营与管理（第3版）［M］.上海：上海财经大学出版社，2020.

21. 周晓阳.中国清洁家电"横扫"全世界.国际品牌观察［M］.北京：国际品牌观察杂志社，2024.

22. 秦朔，戚德志.万物生生：TCL敢为40年［M］.北京：中信出版社，2021.

23. 张瑞敏.永恒的活火［M］.北京：中国财政经济出版社，2023.

24. 陈莉.美的研发转型：技术创新的运营管理实践［M］.北京：机械工业出版社，2024.

25. 林军，雍兴中.雷军管理日志［M］.杭州：浙江大学出版社，2024.

26. 迟宇宙.海信史：十年再造的关键时刻［M］.海口：海南出版社，2003.